NEW LONDON

イースト・ロンドン ガイドブック

カルロス矢吹

はじめに

　いつも活気にあふれ、新たなカルチャーや流行を生み出してきた都市、ロンドン。これまで、そんなロンドンを牽引してきた若者文化の発信地といえばいつも、ピカデリー・サーカスを中心としたセントラルでした。60年代のスウィンギング・ロンドンも、70年代のロック・パンクカルチャーも、すべてセントラルから生まれたものです。
　ところが2000年代に入り、地価の高騰にともなってアーティストやクリエイターたちが家賃の安いイースト・エリアに拠点を移し、カルチャーの中心も次々とイーストに移っていきました。そして現在では、ヒップなレストランやデザイナーズホテルが建ち並ぶ、ロンドン屈指の最先端おしゃれスポットに。線路下を利用したおいしいパン屋さん、若いクリエイターが出店するマーケット、たくさんの多国籍レストランや、目移りしてしまうほど広いヴィンテージ・ショップ……見どころはたくさん！
　西に比べれば夜の一人歩きに少し用心も必要ではありますが、裏を返せば、ハングリーな精神をもち、将来の活躍を夢見ている若いアーティストたちが多い地域というのも事実。また、電車や地下鉄ではなく自転車とバスが移動の中心です。ロンドン初心者にもわかりやすく街歩きが楽しめるよう、またありきたりなロンドン観光に飽きた方にも、新鮮で刺激的な旅をお届けしたいと、今イースト・ロンドンで注目のスポットばかりを集めました。
　本書を片手に、思い思いの「ニュー・ロンドン」をお過ごしください。

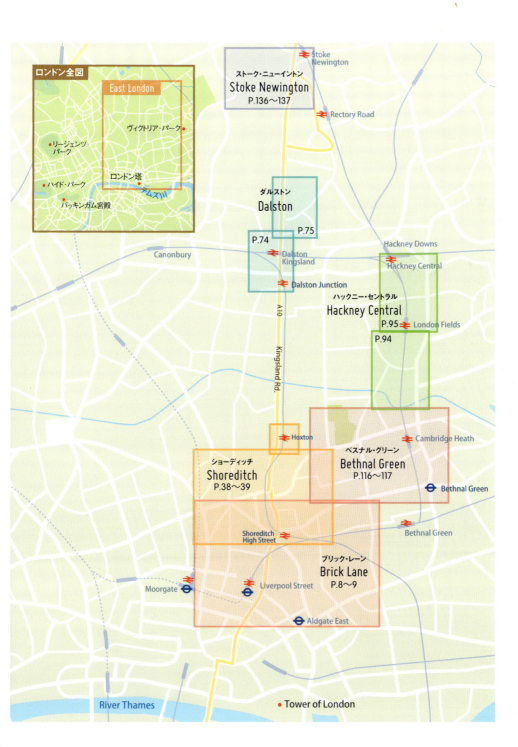

CONTENTS

- 2 　はじめに
- 3 　イースト・ロンドン全体地図
- 6 　この本の見方

- 7 　**Brick Lane**　ブリック・レーン

- 36 　イースト・ロンドンの達人　インタビュー
  Simon "Barnzley" Armitage　サイモン・バーンズリー・アーミテージ

- 37 　**Shoreditch**　ショーディッチ

- 72 　Column1　ロンドンの「クール・ジャパン」

- 73 　**Dalston**　ダルストン

- 92 　Column2　ロンドン版ICカード、オイスター・カード

- 93 　**Hackney Central**　ハックニー・セントラル

- 114 　Column3　イギリスで使われているいろいろな紙幣

- 115 　**Bethnal Green**　ベスナル・グリーン

- 134 　Column4　サンデーローストとイングリッシュ・ブレックファースト

- 135 　**Stoke Newington**　ストーク・ニューイントン

- 153 　イースト・ロンドンの達人　インタビュー
  Mariko Doi　ドイマリコ

- 154 　ジャンル別索引
- 158 　おわりに

《 地図アイコンの見方 》

🍴 =レストラン、バー、カフェ、スイーツ、食材など

👜 =セレクトショップやヴィンテージショップ、靴、バッグなど

🏠 =インテリア、雑貨など

⭐ =ミュージアム、ギャラリーなど

🛏 =ホテル

🚲 =ロンドン市営レンタサイクル

* 本書に掲載されている情報は、2016年4月現在のものです。
　店舗の移転や閉店などの理由で、実際とは異なる場合もあります。

* 店舗の都合により、掲載情報とは異なる営業時間・曜日となることがあります。
　また、「無休」と掲載されている店舗でも、一部の祝祭日は休業する場合もあります。

Brick Lane

ブリック・レーン

15世紀にレンガ（ブリック）工場があったことから「ブリック・レーン」と呼ばれるようになり、もともとは工場地帯だったエリアです。その名残から、現在も当時のビール醸造所など工場跡地をイベント会場やマーケットとして利用しています。さまざまな移民が住んでいたこの地域ですが、若者が移り住んだ90年代からは最先端のアートやファッションが発信されはじめました。特に、ユニークなストリートアートが多いことが有名で、あのバンクシーの作品も何点か残されています。現在ではバーや多国籍料理の店も増え、世界から注目を集めるカルチャーの中心地としてだけでなく、観光地としても日夜にぎわいを見せているエリアです。

Brick Laneエリアへの行き方

地下鉄Aldgate East（オルドゲイト・イースト）駅下車。ホワイトチャペル・ロードをホワイトチャペル駅方面に歩くと左手にあるオズボーン・ストリートがブリック・レーンの入り口です。徒歩約1分。
ほかに、Liverpool Street（リヴァプール・ストリート）駅［地下鉄／オーバーグラウンド］、オーバーグラウンドShoreditch High Street（ショーディッチ・ハイ・ストリート）駅も使用可能。

> カフェ

Cafe 1001

カフェ 1001

左／広々とした吹き抜けのある店内。　右／アート作品の展示。

イースト・ロンドンのヒップな住民が集う、ブリック・レーンの中心地

ブリック・レーンの真ん中に位置する、イースト・ロンドンを代表するカフェバーです。早朝から深夜まで休むことなく営業しており、朝はイングリッシュ・ブレックファースト、昼はオリジナル・バーガーがイースト・ロンドン内でも屈指のおいしさと評判。入り口で水を買うだけでも中で休めるので、観光の休憩地にもぴったり。広い店内には新進気鋭のアーティストたちの作品がたくさん飾られていて、夜になれば毎日のようにライブやクラブイベント、映画上映会などが開催されています。「1001にいけば、おもしろいものに出会える」という期待をかなえてくれる、不思議な魅力があるカフェとして、イースト・ロンドンに定着しています。

この日はハロウィンナイト！

infomation

🏠 91 Brick Ln, London E1 6QL
🕐 月〜日 6:00〜23:00
（別途、深夜クラブ営業の場合あり）
http://www.cafe1001.co.uk

Brick Lane

infomation

🏠 55-59 Hanbury St, London E1 5JP
🕐 月〜土 11:00-19:00
　日 12:00-18:00
　http://www.blitzlondon.co.uk

ファッション

Blitz
ブリッツ

世界のファッションシーンを牽引する広大なヴィンテージショップ

「まるで現代アートの展示会場のよう」と賞賛される、イースト・ロンドンの有名ヴィンテージショップ。2011年にオープンしたこの店の名は海外にも轟き、世界各地からファッション関係者が取材や視察に訪れるほど。男女ともに取り扱いがあり、その他、レコードや家具、雑貨など幅広いラインナップ。というのも5つのフロアにわかれた店内はとっても広く、全部チェックするとあっという間に時間が経ってしまいます。カフェも併設されているので、疲れたらひとやすみ。公式サイトでは、定期的にメゾンのコレクションの模様やファッションニュースを発信。メディアとしての役割も担っており、イースト・ロンドン・ファッションシーンの旗手的存在です。

上／ロンドンで評価が高まっている（P.72）、和服。　下／店内では中古レコードも扱っている。

日本ではなかなか見つけられない鮮やかな花柄のサマーワンピなど。

上／見た目もフレーバーも全部かわいい！　右／店員さんもチョコと同様、ポップでキュート。

スイーツ

Dark Sugars
ダーク・シュガーズ

ガーナから届いた
ジュエリーのようなチョコレート！

ガーナ出身の女性オーナーが経営する、チョコレート専門店。原材料のカカオは、すべてオーナーが母国ガーナから直輸入しており、店舗近くの工場で毎日カカオの実をむく作業から、製造しています。そのため、他のチョコレート店とは比べものにならないほど香りが高く、その香りが楽しめる糖分少なめのダークチョコレートが一番人気だそう。店頭でしか味わえない、シナモンペッパー入りのホットチョコレートも人気で、寒い日には甘みとカカオのリラックス効果も手伝って、一気に寒気が吹き飛びます。選びきれないほどたくさんの種類がありますが、1個から量り売りしてくれるので、思い切ってたくさんのフレーバーを試してみては？

真珠のようなチョコレートPearls、全部で10種類。9個で10ポンド。

infomation

141 Brick Ln, London E1 6SB
10:00〜22:00　無休
https://www.darksugars.co.uk

Brick Lane

カフェ

Exmouth Coffee Company
エクスマウス・コーヒー・カンパニー

手作りケーキとキッシュが
いつも大人気のデリシャスカフェ

ブリック・レーンの入り口、Aldergate East駅近く、手作りケーキとキッシュが評判のカフェ。コーヒーはエチオピアやニカラグアから厳選した豆をブレンド、店頭でも販売しています。ブレッドやお惣菜もあるので、ランチにもぴったり。テイクアウトは少し安くなるので、頬張りながら散策を楽しんでも。

infomation

🏠 83 Whitechapel High St, London E1 7QX
🕐 7:00～20:00　無休
https://www.facebook.com/Exmouth-Coffee-Company-290585054369176/

手作りケーキのほかに、軽食メニューも人気。

ヨーグルト自体の味、サイズ、トッピングが選べる。

スイーツ

The Sloane Bros
スローン・ブロス

トッピングチョイス自由自在、
盛り盛りフローズン・ヨーグルト

フレッシュなフルーツやチョコレートをトッピングにたっぷり使った、自家製フローズン・ヨーグルトを提供しています。ヨーグルトは無脂肪で、さっぱりとしているので、トッピングは盛り過ぎなくらいがちょうどいい！　店内は広く、週末でもゆったり座って味わえます。観光の足を休めるスポットとしても。

infomation

🏠 214 Brick Ln, London E1 6SA
🕐 月～木 11:00～20:00
　金・土 10:00～22:00　日 10:00～20:00
http://www.sloanebrothers.co.uk

上／地元のアーティストがデザインしたクッションカバー、ひとつ25ポンド～。

> マーケット

Old Spitalfields Market

オールド・スピタルフィールズ・マーケット

インディーズ作家の雑貨や服が並ぶ、「新感覚」マーケット

Liverpool Street駅から歩いて5分、2008年に大々的にリニューアルオープンした、広大な敷地を誇る近年評判のマーケット。週末開催の多いロンドンのマーケットの中で、珍しく毎日オープンしています。たくさんの出店があり、マーケットというより巨大なショッピングモールのよう。曜日によって店舗が大きく変わり、中古品の掘り出し物市場になったり、フードコートが軒を連ねるフードマーケットになったりとさまざま。なかでも週末に開催される、地元のクリエイターやアーティストによる雑貨などを販売するマーケットは、流行に敏感な若者の間で特に評判が高く、ユニークなストールが数多く出店しています。

フードとドリンクを購入して、ここでちょっと休憩。

infomation

🏠 Horner Square,
Spitalfields, London E1 6EW
🕗 8:00～22:00 無休
http://www.oldspitalfieldsmarket.com

Brick Lane

> マーケット

Sunday Up Market
サンデー・アップ・マーケット

ロンドンの「食」のトレンドを味わいつくして

メキシコ風サンドウィッチ、1プレート8ポンド。

古着屋などもいくつか出店していますが、主にストリートフードのストールが中心の、日曜限定開催のマーケット。現在ロンドンで流行している料理を出すお店を集めているため、マーケットを歩けば現地の「食」のトレンドをキャッチできます。最近はアジアや中東、アフリカなどエスニック系フードの人気が高く、日本食を出す店も増えてきました。

infomation

🏠 Ely's Yard, The Old Truman Brewery, London E1
🕐 日 10:00〜17:00
http://www.sundayupmarket.co.uk

中華料理屋台の豚まん、1個2ポンド。

> マーケット

The Vintage Market
ヴィンテージ・マーケット

お宝ザクザク!?
1日かけて探してみよう

レコードショップも。

トルーマンビール醸造所跡地で開催されている、ヴィンテージ品のみを扱うマーケットです。洋服だけでなく、レコードや雑貨なども販売。ボロボロのものから、新品同然のものまで千差万別ですが、とんでもないプレミアがついた貴重品が眠っていることも。宝探し感覚で楽しんで。

infomation

🏠 Block F, Old Truman Brewery,
85 Brick Ln, London E1 6QL
🕐 木〜土 11:00〜18:00　日 10:00〜17:00
http://www.vintage-market.co.uk

宝の山！　時間をかけて探そう。

> カフェ

Cereal Killer Cafe

シリアル・キラー・カフェ

おやつ代わりに、
キッチュでポップなシリアルを

たくさんのシリアルが選べる、シリアル専門カフェ。店内には80年代以降に販売されたシリアルのケースが、壁一面に並べられています。こどもの頃を思い出すような、キッチュな内装。日本の駄菓子屋感覚なのかもしれません。注文の仕方は、まずシリアルの種類を決め、それからミルクの種類とトッピングをオーダー。ミルクはヘルシーに豆乳でもいいですし、トッピングはあえてジャンクに、かわいくカラフルなチョコレートでもいいでしょう。朝食ではなくおやつ代わりに、トッピングをゴテゴテにしてみるのも楽しい。店舗オリジナルデザインのマグネットやマグカップも販売しており、ユニークなおみやげを探している人にもオススメ。

シリアルとミルクに、M&Mチョコレートをトッピングして4.7ポンド。

infomation

🏠 139 Brick Ln, London E1 6SB
🕗 8:00〜20:00　無休
http://www.cerealkillercafe.co.uk

Brick Lane

お散歩

Spitalfields City Farm
スピタルフィールズ・シティ・ファーム

都会の喧騒の中に突然あらわれる牧場！

観光客であふれかえるブリック・レーンから少し歩いただけで、なんと突然牧場が姿を表します。観光地としてどんどん有名になってきたブリック・レーン、しかし周辺は住宅街で、道を一本入れば地元の老夫婦が散歩しているようなローカルな風景を見ることができるでしょう。どんなに街が発展しようと、人が住むところであれば緑のある牧場や公園をしっかり設けるのがロンドンのいいところ。土地柄、大通りの喧騒から離れて、ここのピクニックエリアでのんびりする観光客も見かけます。動物とのふれあいや、時期によってはフルーツの収穫のお手伝いも可能。ロンドンにはこんなリラックスの方法もあるのです。

infomation

- Buxton St, London E1 5AR
- 火〜日 10:00〜16:00
  月曜定休
- http://www.spitalfieldscityfarm.org

左／展示内容は企画によって随時入れ替わる。こちらはアフリカの画家の作品を集めたイベントの模様。　右／ミュージアムショップはアート系書籍が充実。

> ギャラリー

Whitechapel Gallery
ホワイトチャペル・ギャラリー

ピカソやフリーダ・カーロを見出した、イースト・ロンドンの伝統的ランドマーク

若いアーティストをサポートするため1901年に設立された、ロンドンを代表する由緒あるギャラリーです。かつては、若き日のパブロ・ピカソやフリーダ・カーロもここで展示を行ないました。企画展示や常設のコレクションに加え、夜にはコンサートや映画上映会が開かれることもありますが、それらはすべて無料。と同時に、作品の販売や、これからアートで食べていきたい若者向けへのセミナーなども積極的に開催。商売を成り立たせながら、無名でも力のある若い才能をきちんとピックし広めていくセンスとスタイルは、設立当時から変わっていません。通りに面した、無料でWi-Fiが使えるカフェを併設しているので、ピープル・ウォッチングにも最適。

ミュージアムのある建物は、地下鉄Aldgate East駅の入り口も兼ねている。

infomation

🏠 77-82 Whitechapel High St, London E1 7QX

🕐 火・水・金〜日 11:00〜18:00
　木 11:00〜21:00

http://www.whitechapelgallery.org

Brick Lane

infomation

🏠 Dray Walk, Old Truman Brewery, 91 Brick Ln, London E1 6QL

🕐 月～木 8:00～21:00
　金 8:00～20:00
　土 10:00～20:00
　日 11:00～19:00

http://www.roughtrade.com

レコードショップ

Rough Trade East
ラフ・トレード・イースト

インディミュージシャンをいち早くキャッチアップ、名門音楽レーベル直営店

かの有名音楽レーベル、ラフ・トレードが運営する、UKインディミュージックのレコードショップ。ロンドン市内でもCDを売る店はすっかり少なくなりましたが、ここでは、CDは未だ主力商品のひとつ。というのも、誰もが知る有名ミュージシャンではなく、有望な若手ミュージシャンを毎月大々的にピックアップし、インストアライヴ・パフォーマンスを行なっているのです。音楽好きの多いイースト・ロンドンの地元住民たちは、気に入った若手ミュージシャンを「青田買い」し、「CDを買う」というかたちでお金を落としています。再結成したblurなど、今では大物になったバンドもライヴイベントを行なうことがあるので、HPをチェック。

毎月ピックアップされるアーティストの名が掲げられる。

ドリンク片手に店員さんと音楽談義。

イタリアらしい目を引く色使い。

ファッション小物

40 Colori
40　コロリ

品質に裏打ちされた、色の魔法

イタリア人のデザイナー一家が家族で経営する、ファッション小物専門店です。商品はすべてオーナーによるオリジナルのデザインで、ネクタイやベルトなどのニット製品は、約四半世紀以上働いている職人の手でていねいにつくられた、ここでしか購入できないものばかり。イタリアンニットのネクタイやベルトなど、男性用の小物が多く販売されていますが、意外にもお客さんはほとんどが女性だそう。人気なのは、財布や靴下。カラフルなデザインなので、男性への贈り物だけではなく、自分用にもどうぞ。ヴィンテージアイテムに、こういったカラフルな小物を組み合わせる、おしゃれなイースト・ロンドンっ子たちをお手本にして。

ディスプレイは古き良きロンドンテイスト。

infomation

📍 32 Cheshire St,
London E2 6EH

🕐 月〜土 11:00〜19:30
　　日 11:00〜18:30

https://www.40colori.com

Brick Lane

infomation

🏠 40 Cheshire St, London E2 6EH
🕐 火・水・金〜日 11:00〜17:00
　木 11:00〜16:00
http://www.specstacular.london

アイウェア

Specstacular
スペクスタクラー

どのかたちが似合うかな？
レトロ・デザインなアイウェア

オーナーのケヴァルさんとハラさんが2011年にオープンした、主に40〜80年代にかけてのテイストにあふれた、レトロ・デザイン・アイウェアショップです。スタッフがフレンドリーなので、自分の顔にあうかたちのサングラスを選んでもらいましょう。ロンドンでも、その日のファッションにあわせてアイウェアをチェンジする人が増えてきました。また、サングラスだけでなく眼鏡も販売。こうしたインディペンデントなアイウェアショップには珍しく検眼もしてくれるので、その場で度入りレンズも含めて購入できます。基本的に新品ですが、オーナー所有の貴重なヴィンテージ・コレクションも置いてあるので、興味があればスタッフに頼んで見せてもらいましょう。

オーナーのケヴァルさんは、アイウェア・デザイナーとしても活躍中。

ティアドロップ型、変わったカラーフレーム、ミラーグラスなど片っ端から試したくなる。

アクセサリー、1個15ポンド〜。

> ファッション

Iconoclast
アイコノクラスト

デニムファン羨望の知る人ぞ知る、インディセレクトショップ

ロンドンで、インディペンデントなファッションブランドを展開しているデザイナーの洋服だけを取り扱うセレクトショップ。レディースアイテムを中心にメンズも展開していて、ノームコアからエッジーなデザインのものまで、感度の高い若者に刺さるファッションを提案。ショップではデザイナーたちが交代でスタッフを務めており、つくった本人たちからコーディネートをアドバイスしてもらえる貴重なチャンスです。なかでも、スタッフのひとりがデザインを担当する"Love Denim"というデニムブランドが人気。いろいろなブランドやヴィンテージを組み合わせて、型にはまらず自ら流行をつくりだしていくイースト・ロンドンっ子たちのセンスを盗みましょう。

ちいさな入口を見落とさないで!

infomation

91 Brick Lane London E1 6QL
月〜金 13:00〜19:00
土・日 11:00〜19:00
http://www.love-denim.co.uk

Brick Lane

infomation

🏠 49 Commercial Street,
London, E1 6BD
http://www.thunders-shop.com
火〜日 11:00〜19:00　月曜定休

P.36にバーンズリーさんの
インタビュー掲載。

ファッション

Thunders
サンダース

ストリートを経由した
メンズのハイ・カジュアルショップ

2015年3月にオープンしたばかりの、メンズセレクトショップです。オーナーを務めるバーンズリーさんは、ストリートブランドの老舗STUSSYやA Child of the Jago（P.55）の創設に携わった、ロンドンのファッション業界では知らない人がいない有名デザイナー。店内では、現在ロンドンでも人気の高いNano Universeなど、日本のブランドを多く展開。日本製のシャツは縫製がよく、男性より女性客からの評判が高いそう。ロンドンで立ち上がったばかりのまだインディペンデントなブランドも、アンテナに引っ掛かればすぐさまキャッチ・アップし世に広める、ストリートの顔的な役割も担っているショップです。

右／大人のハイ・カジュアル。シャツの
柄や素材にもこだわりが。

23

カラフルなネクタイは日本では絶対に見かけない色や柄ばかりで、見ているだけでも楽しい。

> ファッション

Gresham Blake

グレシャム・ブレイク

紳士の本場イギリスはロンドンで、スーツを仕立てる

ロンドンの南、ブライトンに本店を置く、メンズのテーラーです。一見してわかるように、とにかくだいたんな色使いとデザインが特徴。ふつうの仕立て屋とは、明らかに一線を画しています。派手なジャケットに目を奪われがちですが、シンプルな色やかたちのスーツに、ユニークな柄のシャツやネクタイ、鮮やかな色のシューズ、そしてカフスボタンでアクセント……と、遊び心を加えるアイテムをちいさな面積でひとつでも取り入れるのがおしゃれ。イギリスには、年をとっても、こうした遊び心とセンスをもった紳士がたくさん。日本の男性へのギフトにも最適です。もちろん、オーダーをすれば、ぴったりサイズのオリジナルのスーツもつくれます。

infomation

🏠 143 Commercial St, London E1 6BJ

🕐 火 10:00〜17:30
　水・木 11:00〜19:00
　金・土 10:00〜18:00
　月日定休

http://www.greshamblake.com

Brick Lane

ファッション

Rokit
ロキット

おめかししてナイトアウト！ ドレスアップアイテムが手に入るヴィンテージショップ

ブリック・レーン周辺は、ナイトクラブとして営業している店や会場も多く、夜になれば連日若者たちが朝までナイトライフを楽しんでいます。クラブに遊びに行く時、ロンドンの若者は、クラブ映えするワンピースやスカートなどばっちりドレスアップしていく人が多いのですが、そんな時に役立つのがここ。ジーンズやTシャツなど、カジュアルなアイテムが多いロンドンの古着屋には珍しく、ラメやスパンコールのドレスやファーのジャケットなど、ドレスアップできるクローズをリーズナブルな価格で販売しています。特に最近では、ロンドンのクラブシーンにあわせて、60年代テイストのパーティー・ドレスを意識的に買い付けているそう。

infomation

🏠 101 Brick Ln, London E1 6SE
🕐 月〜金 11:00〜19:00
　 土・日 10:00〜19:00
http://www.rokit.co.uk

上／目立つ大ぶりな石のリングも各種。　左／ラメのワンピースにファーコート＋ブーツで、レディライクなコーディネートも。

上／いつでも大人気！ とにかくおいしい。 右／牛肉塩漬けのベーグルサンド、3.7ポンド。チーズケーキ、0.7ポンド。

ベーグル
Beigel Bake
ベーグル・ベイク

ブリック・レーンを見守り続ける、絶対に行っておきたいベーグルショップ

ロンドンでもっとも古く、いちばんおいしいと絶賛されるベーグルショップ。なんと24時間、年中無休で営業しています。もともとブリック・レーンはユダヤ系移民が多かったことから、ユダヤ人のソウルフード「牛肉の塩漬けサンド」が販売されるようになりました。現在でも看板メニューなのでマスタードをたっぷり塗ってピクルスといただきましょう。実はスイーツもおいしいので、お腹に余裕があればぜひめしあがれ。店内に席はなく、店頭やぎゅうぎゅうの店内で、お客さんが仲良くベーグルを頬張る姿はブリック・レーンの日常風景。どれだけロンドンの物価が高くなろうと、ベーグル1個0.25ポンドの値段を崩さず、地元住民から愛され続けています。

人だかりで、すぐにそれとわかる店頭。

infomation
🏠 159 Brick Ln, London E1 6SB
🕐 24時間営業 無休

Brick Lane

infomation

🏠 157A Commercial St, London E1 6BJ
🕐 月〜土 12:00〜14:30
　　　　 17:00〜22:30
　　日 12:00〜20:00
http://thehawksmoor.com

> ガストロ・パブ

Hawksmoor Spitalfields

ホークスモア・スピタスフィールズ

農家直送、
お墨付きのデリシャス・ビーフをゆったりと

ロンドン市内に7店舗をかまえる、市内で評判の肉料理レストラン。ローストやステーキなど、いわゆる「パブごはん」と呼ばれるメニューが中心ですが、ここの目玉はお肉。信頼できる農家からとっておきの牛肉を買い上げているため、品質はお墨付き。また、サラダや手づくりのフライドポテトなどサイドメニューも充実しています。一般的に、パブでのごはんはごちゃごちゃした騒がしい店内で、せわしなく食べることが多いのですが、ここでは落ち着いてゆっくりと食事ができます。ランチタイム限定、デザート付きひとり25ポンド〜のコースメニューも評判です。ディナータイムと日曜日は終日満席なので、必ずHPから予約を。

席間も広々、落ち着いて食事できる。

大人気のサンデーロースト、野菜もたっぷりついて20ポンド。

27

サーロインステーキ、100g 7.95ポンド。

アルゼンチン産の赤ワイン、1杯4.65ポンド〜。

アルゼンチン料理

Moo Cantina
ムー・カンティーナ

日本ではレアなアルゼンチン牛の赤身を堪能

日本ではあまり馴染みがないかもしれませんが、ヨーロッパでは「ステーキ」といえば「アルゼンチン」というほど、アルゼンチン肉のステーキがポピュラー。ロンドン市内で3店舗をかまえるこのアルゼンチン料理レストランでは、本場ブエノスアイレスから移住してきたシェフたちが腕をふるってアルゼンチン・ステーキを提供しています。肉厚なのに柔らかい絶品ステーキは、赤身で半生のミディアムレアが特にオススメ。つけあわせの野菜と一緒に、肉汁まで逃すことなくいただきましょう。他に、アルゼンチン名物ホットサンドイッチもイチオシ。また、酸味が特徴のアルゼンチンワインはステーキと相性抜群なのでぜひオーダーを。

infomation

🏠 62 Brick Ln, London E1 6RF
🕐 月〜土 11:00〜23:00
　日 11:00〜22:30
http://moocantina.co.uk

Brick Lane

infomation

🏠 3 Cheshire Street,
London E2 6ED

🕐 月〜土 12:00〜23:00
日曜定休

http://www.thesocietyclub.com

カクテルScrewdriver、10ポンド。

ブックバー

The Society Club

ソサイエティ・クラブ

**カクテルを片手に、感性を磨いて。
アートなチル・スポット**

「ロンドン最高のブックショップ」と地元の新聞に評されたこともある、アートブック専門店……なだけではなく、なんとオリジナルカクテルをオーダーし、それを飲みながら、席でゆっくりと店内の本を読むことができます。本はすべて販売しているので、気に入ったものは購入可能。音楽や映画に関する評伝もありますが、写真集やデザイン関係書など目で見て楽しめるヴィジュアル本が多いセレクトなので、ページをめくるだけでも楽しむことができるでしょう。ペットやこどもを連れて出勤するスタッフもいて、ただのヒップなおしゃれバーではなく、地元ファミリーのチル・スポットとしても使われている、敷居の低いアートスポットです。

新品が中心、古本も新品同然の状態が良いものばかり。

上／ビールの国イギリスでも、ワインは人気。　右／「人生は短い。まずいワインなんて飲んでいる暇はない！」

リカーショップ
New Street Wine Shop
ニュー・ストリート・ワイン・ショップ

壁一面のワインコレクションを、店内「角打ち」でも味わえる

ロンドン市内でも圧倒的な貯蔵数を誇る、ワインのセレクトショップ。赤、白、ロゼ、スパークリング……、世界中から厳選されたありとあらゆるワインが、店内の壁一面にずらりと並べられています。持ち帰り購入だけの入店も可能ですが、日本の酒屋で言ういわゆる「角打ち」コーナーもあり、チーズや生ハム、スコッチエッグやポークパイなどのイギリス的おつまみとともに、座ってワインをじっくり味わえるのがうれしい！　50、75、125mlとサイズ別グラスでのオーダーも可能なので、ちょい飲みにも最適。グラスでちょっとずつ試してみて、気に入ったものはボトルで購入しましょう。

ワインは1杯1.75ポンド〜と、とてもリーズナブル。

infomation

🏠 16 New St, London EC2M 4TR
🕐 月〜金 11:30〜23:00
　　土日定休
http://www.newstreetwineshop.co.uk

Brick Lane

infomation

🏠 16B New Street,
London, EC2M 4TR

🕐 月～金 11:30～22:30
　　土 11:00～22:30
　　日 11:00～16:00

http://www.fishmarket-restaurant.co.uk

シーフードレストラン

Fish Market

フィッシュ・マーケット

シンプル・イズ・ベストを体現する、新鮮素材のシーフードレストラン

創作料理が多いロンドンの中では珍しく、素材の味を活かしたシンプルな味付けのシーフードを提供し続けるレストランです。契約している漁港から、毎朝新鮮な魚介類だけを厳選して入荷。本当に新鮮なシーフードは自然のうまみがぎゅっと詰まっており、余計な味付けは不要なのです。昔ながらの調理法と調味料だけで、充分おいしい料理のできあがり！　まずは、素材の味そのものが楽しめる、ムール貝のワイン蒸しや、生牡蠣の盛り合わせがオススメ。塩やレモンだけで、こんなにもおいしいのかと、他のレストランとの素材の差に驚くこと間違い無しです。1人16.5ポンド～の、コース料理も評判。ディナーは毎日混み合いますので、予約してからの来店がベターです。

上／ムール貝のワイン蒸し、14.5ポンド。　下／鱈のグリル、15.5ポンド。

シーフードの盛り合わせ、29.5ポンド。

バー

The Big Chill Bar
ビッグ・チル・バー

イースト・ロンドンで
UKミュージックに酔う

音楽フェスや音楽レーベルを主宰する、"Big Chill"が経営するバー。ソファーが数多く置かれ、テラス席も多数。ブリック・レーンのバーには珍しく、広い店内でゆったり座れる一軒です。ほぼ毎日いろいろなジャンルのDJがいる音楽ヴェニューでもあり、運が良ければ有名アーティストのパフォーマンスを見られるかもしれません。

infomation

📍 Dray Walk, Brick Ln, London E1 6QL
🕐 日〜木 12:00〜24:00　金・土 12:00〜25:00
http://wearebigchill.com

ミュージアム

Dennis Severs' House
デニス・サーヴァーズ・ハウス

18世紀英国貴族の
お屋敷にタイムスリップ

18世紀当時の英国貴族の屋敷を再現した私設ミュージアムです。月曜日と日曜日のわずかな時間しか一般に公開されておらず、その2日間も午前中から既にとんでもない行列が。毎週月・水・金の17時からは完全予約制のツアーがあるので、確実に入りたい場合はそちらがオススメ。写真撮影はNG、現金支払いだけなのでご注意を。

infomation

📍 18 Folgate St, London E1 6BX
🕐 月 12:00〜14:00　日 12:00〜16:00
http://www.dennissevershouse.co.uk

オープン前だというのに長蛇の列。完全予約制ツアーはHPから予約を。

Brick Lane

バー

Apples & Pears
アップルズ・アンド・ピアーズ

フルーツカクテルで
ナイトアウト前の乾杯を

ひっそりとたたずむカクテルバー。店名の通り、りんごや梨といったフルーツを使ったオリジナルカクテルが売りですが、どれも甘すぎず、むしろお酒の苦味や酸味がフルーツによって引き立てられ、奥行きのある味わい。迷ったら、まずはApples & Pearsを。混み合う週末の夜はHPから予約をしましょう。

カクテル、Apples & Pears。9ポンド。

infomation

🏠 26 Osborn St, London E1 6TD
🕐 火〜木 17:00〜24:00
　　金 17:00〜25:00　土 18:00〜25:00　月・日定休
http://www.applesandpearsbar.com

パブ

The Pride of Spitalfields
プライド・オブ・スピタルフィールズ

あの殺人鬼も愛した(?)
ロンドンの地ビールがずらり

19世紀半ばから続く、由緒正しい伝統あるパブ。店内には開店当時のブリック・レーンの写真も展示されています。一説によると、あの19世紀末にイースト・ロンドンで起こった凶悪犯罪者「切り裂きジャック」も通っていたとかいないとか……。他のパブではお目にかかれない珍しいロンドンの地ビールがたくさん!

地ビールLiberation Ale、1パイント4.5ポンド〜。

infomation

🏠 3 Heneage St, London E1 5LJ
🕐 月〜木 10:00〜25:00
　　金・土 10:00〜26:00　日 10:00〜24:00

伝統あるたたずまい。

ツアーの模様。ストリートアートをていねいに解説。

ロンドンツアー

Shoreditch Street Art Tours
ショーディッチ・ストリート・アート・ツアーズ

生まれ変わり続ける
ストリートアートの「今」を歩く

ブリック・レーンは、「街全体がミュージアム」といわれるほど、ストリートアートが多いことで有名。このツアーでは、ブリック・レーンからショーディッチまで、多くの有名アーティストの残したストリートアートを解説付きで案内してくれます。この近辺はストリートアートがとにかく多い上に、バンクシーやグレゴスなど、有名アーティストが突然作品を披露することがあるので、プランは常に流動的。もし、街中で見かけてどうしても解説してほしいアートがあったら、あらかじめ写真を撮っておいて、ツアーの際にガイドさんに写真を見せて聞いてみるのが確実です。ツアー料金は1人15ポンド。開催日程は不定期なので、HPより確認の上、予約を。

infomation
http://www.shoreditchstreetarttours.co.uk

自らの顔を立体で壁に再現する、グレゴスの作品。

Interview with
Simon "Barnzley" Armitage

サイモン・バーンズリー・アーミテージ　インタビュー

ロンドンのカルチャーの発信地は、2000年代に入ってセントラルからイーストへと移り変わっていきました。その過程において、ファッションはどんな位置付けで、どんな役割を担ってきたのでしょうか？　P.23で紹介したブティックTHUNDERSのオーナー、Simon "Barnzley" Armitageに話を聞きました。

サイモンと、サイモンおすすめのシャツ。

「僕はずうっとロンドンでファッションの仕事をしているんだけど、昔STUSSYが立ち上がったばかりの80年代半ば頃、セントラルのTrocaderoっていう複合型アミューズメントビルにショップを出していたんだ。それから土地の値段が上がるにつれ、どんどんクールなショップがなくなっていってね。それで最近はみんなイーストに店を出すようになった。あの当時はメンズレディース問わず、ショップをスタジオやアトリエのように使うアーティストが多かった。はじめからそうだったんじゃない、僕らが展示していた服に引き寄せられてアーティストが集まってきたんだ。そこから多くのバンドやアーティストが世に出ていった。セックス・ピストルズがヴィヴィアン・ウエストウッドを身にまとっていたように、ファッションはロンドンのカルチャーと切り離せないものなんだよ。最近はカフェやバーを併設するブティックやショップも増えてきたけど、うちもいずれは地下をバーにして人が集まりやすくしようと思っている。経済的な理由ではなく、かつてのようにファッションが人を集めて、そこから次のカルチャーが生まれる。そういう店に、街に、していきたいと思っているんだよ。」

プロフィール

Simon "Barnzley" Armitage
ファッションブランドSTUSSYやA Child of the Jagoの創設に携わった、ロンドンのファッション業界のレジェンドのひとりであるファッションデザイナー。長年培った豊富な人脈と経験を活かし、ライターとしても活動。ロンドンのカルチャーの歴史を後世に伝えている。2015年には、自身がオーナーを務めるブティックTHUNDERSをイースト・ロンドンBrick Laneエリアにオープン。30年以上のキャリアを誇りながら、現在もファッション業界の最前線で活動している。

THUNDERS。元STUSSYというのもうなづける、ストリート感。

Shoreditch

ショーディッチ

最先端のヒップなレストランやショップが数多く軒を連ねる、ギャラリー、劇場、デザインなどアートトレンドの中心地。クリエイターが集まることでも知られています。世界的に有名なデザイナーズホテルも点在し、ここをロンドン観光の拠点に選ぶ人も多いでしょう。古くからにぎやかな場所で、16世紀に建設された劇場や教会は現在も残っています。あのシェイクスピアの戯曲が初めて上演されたのも、ここショーディッチ。ほんの10年前は治安が悪くて有名でしたが、今ではすっかり女性ひとりでも安心して歩ける観光地になりました。グラフィティがあふれるヒップなストリートを歩きながら、街の過去と現在に触れることができるエリアです。

Shoreditchエリアの行き方

オーバーグラウンドShoreditch High Street（ショーディッチ・ハイ・ストリート）駅下車。ベスナル・グリーン・ロードをBOXPARKに沿って歩くと、ショーディッチ・ハイ・ストリートに出ます。徒歩1分。オーバーグラウンドHoxton（ホクストン）駅、Old Street（オールド・ストリート）駅［地下鉄、オーバーグラウンド］も使用可能。

レコードジャケットが並ぶフロント。スタッフは制服でなくカジュアルウェア。みんな優しくてフレンドリー。

Ace Hotel Shoreditch
エース・ホテル・ショーディッチ

一度は泊まってみたい、もっとも旬なデザイナーズホテル

2013年にオープンした、世界的に有名なデザイナーズホテルです。1999年、アメリカのオレゴン州ポートランドにオープンして以降、アメリカ各地、パナマ、そしてここロンドンと、世界中にそのネットワークを広げていきました。ホテルの内装は、2001年に創設されたばかりのイギリスのデザインチームUniversal Design Studioが担当。アメリカ発ながら、ホテルがイースト・ロンドンの雰囲気に溶け込んでいるのは、彼らのデザインによる功績といっていいでしょう。部屋のインテリアやカップなどはすべて、ホテルのオリジナルデザインで、そのほとんどをフロントでも販売しているので、おうちでもエース・ホテル気分が味わえちゃうかも。

エントランスのみずみずしいグリーン。

infomation

🏠 100 Shoreditch High St, London E1 6JQ
💷 1泊189ポンド〜
https://www.acehotel.com/london

Shoreditch

デザイン性の高いカジュアルなダイニングスペース。お客さんもスタイリッシュ。

左／家族連れでも泊まれる、ダブルデラックスルーム。　下／カップやタンブラーは、ひとつ10.5ポンドで販売。

左／併設のレコードショップ、Sister Ray。宿泊者でなくても入店可。右／花屋 That Flower Shopも併設。

ルーフトップからイースト・ロンドンをぐるりと見渡そう。

ホテル／レストラン

Boundary Restaurant, Rooms & Rooftop
バウンダリー・レストラン、ルームス・アンド・ルーフトップ

イースト・ロンドンを見渡せる、絶景レストラン

2008年の大晦日にオープンした、デザイナーズホテル。ホテルとしてはとても小規模で、12のベッドルームと、5つのスイートだけで運営しています。部屋はひとつひとつ違うコンセプトでデザインされており、気になって1日おきに部屋を変える人もいるんだとか。P.44、で紹介しているカフェレストラン、Albionを含め、ホテル内に3軒のレストランとバーを併設。そのどれもが高い評価を得ており、なかでも屋上にあるシーフードレストランRooftop Bar & Grillは、オリーブやミモザの木々が屋根に生い茂り、イースト・ロンドンを360度見渡せる絶景スポットとしても有名です。宿泊者でなくても利用できますが、HPから予約しておいたほうがベター。

レンガ造りの外観。1階にはカフェレストランも（P.44）。

infomation

🏠 2-4 Boundary St, London E2 7DD
💷 1泊162ポンド〜
http://www.theboundary.co.uk

Shoreditch

ショーン・サトクリフがテレンス・コンランと共に創業したベンチマーク社による家具を使用したスイート。

モダンフレンチのレストラン。コースだけじゃなくアラカルトでも。

上／マカロン、タルト、ジンジャークッキーなどたくさんのかわいいスイーツ！　右／紅茶やジャムがずらり。さすがイギリス。

カフェ／レストラン

Albion
アルビオン

夜中のおしゃべりカフェタイム
イースト・ロンドンのオアシス

P.42で紹介した、ホテルBoundaryの階下にあるカフェレストラン。ロンドンのカフェは、夜になるとバー営業だけになったり、レストランになってドリンクだけの注文ができなかったりする店が多い中、このお店はカフェとしても終日営業してくれています。ディナー後のデザートタイムや、夜のショッピングの休憩など、観光客にとってありがたいシチュエーションで活躍してくれるはず。スイーツはどれも自家製で、青いマカロンなど、見ているだけで楽しくなるものばかり。テイクアウトも可能。入り口では、オーガニック栽培のジャムや紅茶などを販売しており、どれも小ぶりなのでおみやげにも最適。Shoreditchのど真ん中にある立地も嬉しい、イースト・ロンドンのオアシスです。

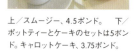

上／スムージー、4.5ポンド。　下／ポットティーとケーキのセットは5ポンド。キャロットケーキ、3.75ポンド。

infomation

🏠 2-4 Boundary St,
London E2 7DD
🕐 日〜水 8:00〜23:00
　　木〜土 8:00〜25:00
http://www.albioncaff.co.uk

Shoreditch

infomation
- 2-4 Rufus St, London N1 6PE
- 月〜水 8:00〜23:00
  金・土 8:00〜24:00
  日 8:00〜22:00
- http://www.thebreakfastclubcafes.com

カフェ／レストラン

The Breakfast Club
ブレックファスト・クラブ

現代のロンドンによみがえった
80年代のアメリカンダイナー

店と同名のハリウッド映画をモチーフに、映画が制作された80年代アメリカンダイナーのテイストをぎゅっと詰め込んだカフェです。店名の通り、パンケーキやイングリッシュ・ブレックファストなど朝食メニューが中心ですが、ドリンクだけの注文もOK。2005年にセントラルにオープンしたカフェ、"Save Ferris"が母体となっており、現在ではイギリス国内で8店舗を数えるまでに成長しました。イースト・ロンドンではBrick Laneの近辺にも店舗がありますが、こちらの方が店内も広めにつくられていて、行列の進みも早いのでオススメ。フードメニューはどれもボリュームたっぷりなので、女の子だけで行く時はひとつを数名でシェアしてもいいかもしれません。

朝食セット"The Half Monty"、8.5ポンド。カフェ・ラテ、2.7ポンド。

上／パンケーキセット"The All Americans"、11ポンド。　左／脚の高いスツールがダイナーらしい。店内にはミラーボールも。

定番フレーバーが色違いに積まれている。

紅茶専門店

T2
ティー2

200種類以上のフレーバーを揃える大型ティーショップ

オーストラリアに本拠地を置き、ニュージーランドやアメリカにも出店している大型ティーショップです。イギリスといえばやはり紅茶が有名ですが、このお店では紅茶だけでなく、日本茶や中国茶など、世界中のさまざまなフレーバーのお茶を販売。その数、なんと200種類。すべて自社オリジナルブレンドで、他にはない独特の味わいを楽しめます。同じくオリジナルデザインのカラフルなティーポットやティーカップも取り扱っていて、どれもインテリアとして置いておきたくなるようなかわいさ。変わったフレーバーのお茶が多いですが、HPに淹れ方を解説してくれる動画があるので、あわせてチェックを。一部のお茶は試飲も可能ですので、気になったら店員さんに尋ねてみましょう。

ブラック・ティーだけでもこんなにフレーバーが！

上／シンプルなデザインのティーバッグセット、一箱8ポンド〜。　下／カラフルなデザインのカップは28ポンド〜、ティーポットは65ポンド〜。

infomation

🏠 48 Redchurch St, London E2 7DP

🕐 月〜金 11:00〜19:00
　土 10:00〜19:00
　日 11:00〜17:00

http://www.t2tea.com

Shoreditch

カフェ／雑貨／ヘアサロン

Barber & Parlour
バーバー・アンド・パーラー

飲んで、食べて、観て、そして髪を切って

「1日中うちの店で遊んでほしい」というオーナーの願いから、カフェ、レストラン、バー、映画館、床屋、ネイルサロン、美容院、雑貨店、これらすべてが一堂に会した、なんでもありの一軒です。まず、オープンしたら、カフェスペースで朝食をいただきましょう。食器やインテリア雑貨を眺めたら、地下の映画館へ行って最新の話題作を鑑賞。レストランスペースでランチを食べたら、男性は床屋、女性は美容院で身だしなみを整えます。その後、お茶を飲みながらネイルサロンで爪のメンテをしてもらい、帰る前にはバーで一杯……なんて遊び方も。とはいえ決してせわしない空間ではなく、カフェでまったりリラックスもできる、落ち着いた雰囲気の不思議なお店なのです。

上／カフェスペース。　下／床屋。

infomation

🏠 64-66 Redchurch St, London E2 7DP
🕐 月〜土 9:00〜23:00
　 日 10:00〜23:00
http://www.barberandparlour.com

上／日本でも人気のコールドプレスジュースも。　右／建物内に、美容院、ネイルサロン、カフェ、映画館まで！

左／シューズもアパレルも、男女ともに90年代以降のストリートカルチャーの系譜に連なるデザインのものが多く揃っています。　右／生活雑貨やインテリアは、Ferm LivingやHAYなど、北欧デザインのものが多い。

ファッション／雑貨

Goodhood
グッドフッド

**各メディアが絶賛、いまロンドンで
もっともクールなセレクトショップ**

2007年にオープンして以来、感度の高いイースト・ロンドンの若者たちから絶大な支持を得ている、ボールペンから照明まで取り揃えたライフスタイルショップです。各部門に、世界中に顔がきくバイヤーを置き、最新のクールなデザインのファッションやインテリアを、各国からイースト・ロンドンに届けています。200種類を超える取り扱いブランドの内訳は、世界的な有名ブランドから、まだまだ無名のイースト・ロンドンのローカルブランドまでさまざま。ネームバリューではなく、ひとつひとつの商品のクオリティの高さでバイヤーが買い付けていることがわかるでしょう。「Timeout」誌が選ぶBest Storesにもたびたび選出されており、ロンドンを訪れたら一度は行っておきたい名店です。

上／食器はオーストラリアのブランド、Week End Clubのものが中心。

infomation

🏠 151 Curtain Rd,
London EC2A 3QE

🕐 月～金 10:30～18:30
　 土 10:30～19:00
　 日 12:00～18:30

http://goodhoodstore.com

Shoreditch

infomation

🏠 61 Redchurch St, London, E2 7DJ

🕐 月〜水・金・土 10:00〜18:30
　木 10:00〜19:00
　日 12:00〜17:00

https://lelabofragrances.com/uk_en

香水

Le Labo
ル・ラボ

新鮮なオーガニックパフュームをまとって

ニューヨーク発のオーガニックパフュームブランド、ル・ラボのロンドン店です。2006年の立ち上げから、セレブリティを中心に人気が出て、世界進出の足がかりとして2009年に東京、そして2010年にロンドンへ出店しました。ル・ラボの特徴として真っ先に挙げられるのが、注文を受けてから香水を最終調合してくれる「メイド・トゥ・オーダー方式」を採用していること。10種類のサンプルの中から、気に入ったフレグランスをその場で調合してもらえます。完成に10分ほどかかりますが、完成品をひと吹きすれば、香水にとって「鮮度」がいかに重要であるか身に染みてわかることでしょう。この店舗限定フレグランスもあるので、日本のファンも一度は訪れる価値あり。

瓶の大きさも選べる。まずは45ポンドの小瓶から試してみるのがオススメ。希望すれば、ラベルに文字やマークを入れることができるので、大切な人の名前を入れてプレゼントしてみては？

パフューム以外にも、オイルやキャンドルも販売。調合師はみんな訓練を受けたプロ、完璧な配合をしてくれる。

赤がトレードマークの、ロンドン市営レンタサイクル。

上／自転車雑貨や、パーツも販売。　右／アメリカのバッグメーカー、MAKRのバッグ。175ポンド。

レンタサイクル
Tokyo Bike
トーキョー・バイク

日本人スタッフ常駐の自転車ショップ

イースト・ロンドンでは、移動に自転車を用いる人が多く、ほとんどのホテルで自転車レンタルのサービスを行なっています。ロンドン市が運営するレンタルサービスもあり、イースト・ロンドン散策に自転車を使う人も多いでしょう。そんな時に知っておきたいのが、「東京を走る」ことをコンセプトに、都市向けのロードバイクを製造している日本の自転車メーカー、トーキョー・バイクのロンドン店。日本人スタッフが常駐しており、万が一自転車トラブルが起こった際にも、日本語で対応してもらえるので安心です。こちらの店舗でも1日12ポンドから自転車レンタルを行なっているので、まわりにレンタルできるところがなければこちらにお願いしてみましょう。

街を走りやすいよう設計されたバイク。

infomation

📍 87-89 Tabernacle St,
London EC2A 4BA
🕐 火～金 11:00～19:00
　　土・日 11:00～17:00　月曜定休
http://tokyobike.co.uk

Shoreditch

ロンドンツアー

Alternative London Walking Tour
オルタナティヴ・ロンドン・ウォーキング・ツアー

現在進行形のイースト・ロンドンをご案内

イースト・ロンドンを歩いていると、昨日まではなかったストリートアートが突然現れることがあります。しかしストリートアートは、法的にはかなりグレイゾーンなため、優れた作品でもすぐに消されてしまうことが少なくありません。Alternative Londonは、そういったロンドンのストリートカルチャーの動きをいち早く察知し、おもしろいものを積極的に観光客に紹介していくオリジナルツアーを続々と生み出している団体です。Shoreditch周辺だけでなくイースト・ロンドン中に情報網を張り巡らせており、自転車を使ってファー・イーストと呼ばれる遠方までストリートアートを観に行くツアーも。予約は必須でHPから、英語とフランス語で受け付けてくれます。

infomation

🏠 1-3 Rivington St, London EC2A 3DT
🕐 月～金 9:00～19:00
　 土 9:00～18:00
　 日 10:30～16:00

ストリートアートにつられて、街の案内標識もポップに。

上／ストリートアート製作中、イースト・ロンドンではよくある光景。左／Alternative Londonが入っているビルもアートで彩られ、クールな佇まい。

> レストラン

Burro e Salvia
ブッロ・エ・サルヴィア

黒トリュフのラビオリ、
12ポンド。

素朴なおいしさ
小麦粉と卵だけを使った生パスタ

膨らし粉を一切使わず、小麦粉と卵だけを使ったシンプルな生パスタの専門店。小売りがメインですが、レストランとしても営業しており、店内で新鮮な生パスタを味わうことができます。不定期で、家庭でもできる生パスタ作りのワークショップも開催。日時はHPで更新されています。

infomation

🏠 52 Redchurch St, London, United Kingdom E2 7DB
🕐 日〜火 12:00〜15:00
　　木〜土 12:00〜15:00　18:00〜21:00　水曜定休
http://www.burroesalvia.co.uk

こぢんまりながらイートインスペースも。

取材時は、年末恒例のクリスマス雑貨店。

> ポップアップストア

In House
イン・ハウス

毎月その姿を変える
クリエイティヴ・スタジオ

企画によって毎月店舗の内容が変わる、自由な空間として有名なクリエイティヴ・スタジオです。ある時は雑貨店に、またある時はギャラリーに。過去にはロンドンで活躍するメイクアップアーティストがレッスンを行なったこともあるそうです。どんなお店になるかはHPで随時更新されるので、気になったら一度のぞいてみては？

infomation

🏠 67 Redchurch Street London, E2 7DJ
🕐 営業日時はテーマによるのでHPを確認
http://www.inhousestudios.co.uk

Shoreditch

infomation

🏠 73 Redchurch St, London E2 7DJ
🕐 火〜日 11:00〜18:00 月曜定休
http://www.traceyneuls.com

人気モデルの Geek Storm、165ポンド。

靴
Tracey Neuls
トレイシー・ニュールズ

芸術的でフォトジェニックなうっとりシューズ

ロンドンを拠点に活動するシューズデザイナーによるブランド、トレーシー・ニュールズの直営店。「使いやすさ」「履きやすさ」「美しさ」、すべてを兼ね備えることをコンセプトに掲げ、イギリスらしい落ち着いた色使いながらも、個性的なデザインで世界中にファンが多いブランドです。最近は、男性用シューズの販売も開始しました。製作は大型の工場に頼るのではなく、イタリアにある家族経営の工房に依頼。デザイナーのトレイシーと何度も話し合いを重ねながら、理想のかたちに近づけられるよう、ていねいに靴作りをしています。シーズンごとにこだわりの店舗ディスプレイも変えるため、イースト・ロンドンに行くたび、立ち寄って。

靴が躍る！　ポップな見せ方にときめき。195ポンド〜。

左／アパレルのほか、生活雑貨も一緒に売られている。　右／カフェメニューはテイクアウトも可能。ティー、2.2ポンド〜。スムージー、3.5ポンド〜。

左／バッグやウォレットは、MATT & NAT。フットウェアはGardeniaのものが中心。　右／コートはイギリスのブランド、Pyrusのもの。305ポンド〜。

ファッション／カフェ

Aida
アイーダ

カフェでもくつろげる高感度セレクトショップ

ヨーロッパのインディブランドの服を多く取り揃えた、カフェ併設のセレクトショップ。1階はレディース、地下はメンズと、男女それぞれにスペースを設けており、ロンドンのおしゃれな若者たちから注目されています。60年代風のコートから、40年代風のドレスまで、どの洋服も奇抜さはないものの、天然素材を使用したものばかりで、着心地は抜群。近年、ロンドンではカフェ併設のアパレルショップが増えていますが、このお店はその中でももっとも本格的。スープやパンも評判で、ショッピングではなく、カフェ目当てのお客さんも数多く訪れ、ランチ時にはカフェスペースがいっぱいになることもあります。ショッピング後、カフェで一息つきながら、おしゃれなお客さんのファッションチェックをしてみては?

店内にはメイクスペースも。ルームウェアのワンピースは、Eight Hours Studioのもの。105ポンド。

infomation

📍 133 Shoreditch High St, London E1 6JE
🕐 月〜土 10:00〜19:00
　 日 12:00〜18:00
http://aidashoreditch.co.uk

Shoreditch

infomation

🏠 10 Great Eastern St, London EC2A 3NT
🕐 月～土 11:00～19:00
　　　　 12:00～18:00
http://www.achildofthejago.com

ファッション
A Child Of The Jago
ア・チャイルド・オブ・ザ・ジャゴー

レジェンドのDNAを受け継ぐ、世界大注目のファッションブランド直営店

ヴィヴィアン・ウエストウッドと、セックス・ピストルズのマネージャーだったマルコム・マクラーレンの息子、ジョー・コーレが2007年に立ち上げたファッションブランド、ア・チャイルド・オブ・ザ・ジャゴーの直営店です。母親からはエレガントなデザインだけでなく、ファッションに社会性を込めるスタイルも継承。政治や都市を服のモチーフとし、その独自性は移り変わりの早いロンドンのファッションシーンの中で、男女問わず着実にファンを増やしています。ケイト・モスやブラッド・ピットなどもブランドの顧客として有名で、イースト・ロンドンを拠点に、その勢力を世界に広げている、現在大注目のファッションブランドといえるでしょう。

18世紀にロンドンを騒がせた脱獄王、ジャック・シェパードをモチーフにしたドレス。どちらも265ポンド。

上／フランス革命をモチーフにしたTシャツは65ポンド、ハットは135ポンド〜。　左／重厚でゴシックな雰囲気はヴィヴィアン・ウエストウッドに通ずるところも。

シューズはフランスのHeschung、330ポンド。ソックスはイギリスのCharnwood、18ポンド。

左／デンマークのブランド、Rosemundeのドレスやインナーがズラリ。ドレスは105ポンド〜。

> ファッション

Milk
ミルク

赤い「Milk」の看板を見落とさないよう！

英国セレブ御用達の高級セレクトショップ

2009年にオープンした、スイス人夫婦が経営する高級セレクトショップ。18世紀のイギリスをコンセプトに、そのイメージにマッチしたブランドを、世界中から取り揃えています。靴はフランスのブランドHeschungを、ドレスは北欧発のRosemundeを、ジュエリーはイギリスのメーカーSimon Harrisonを。インテリアにも徹底的にこだわり、現在ではボーイ・ジョージなど多くのイギリスのセレブリティが通っていることで知られています。高級店のわりに接客はとてもフレンドリーですので、気軽に店内に入ってみましょう。少しわかりづらい店構えですが、聖レナーズ教会のすぐ横にあります。

infomation

🏠 118A, Shoreditch High St, London E1 6JN
🕐 月〜金 11:00〜19:00
　　土・日 11:00〜18:00
http://www.milkconceptboutique.co.uk

Shoreditch

infomation

🏠 131-132 Shoreditch High St, London E1 6JE
🕐 月〜土 10:00〜19:00
　　日 11:00〜17:00
http://www.houseofhackney.com

左／パイナップルをモチーフにしたライト、315ポンド。
下／日本ではなかなか見つけられない柄の壁紙もすてき！

雑貨／ファッション

House of Hackney

ハウス・オブ・ハックニー

ロマンティックなプリントに心奪われて

イースト・ロンドンの行政区Hackney区にマッチしたライフスタイルを提案するため、2010年にJavvy M RoyleとFrieda Gormleyの夫妻が立ち上げたホームウェアブランドのオンリーショップ。取り扱い商品のバリエーションは多岐に渡り、壁紙からベッドまで、流行りのボタニカルプリントのインテリアの数々に触れることができます。アパレルも、男女ともにルームウェアがメインですが、どれも外出用にも使えるデザイン、クオリティのものばかり。2015年には初めてギャラリーでの展示会も開催。その独特なスタイルがアート界からも熱い視線を浴びている、現在のShoreditchでもっとも目が離せない一軒です。

ソファ、クッション、ルームライトから小物まで、インテリアをトータルでコーディネートできる。

グリーンのライト、720ポンド。

上／日本でも人気のアルファベット照明。　右／地球儀も実は照明、各180ポンド〜。

インテリア

Elemental
エレメンタル

イースト・ロンドンを見守り続けてきたアンティーク家具たち

もともとは、倉庫で古道具や古家具を販売するようなお店が多かったイースト・ロンドンの中で、現在も営業を続けているアンティーク家具屋です。かつてはBrick Lane近くで営業していましたが、2010年に現在の場所に移転。地下と2フロアを有する店内には、イースト・ロンドンの歴史を見守り続けてきたアンティーク家具がきれいに並べられています。キャビネットやイスだけでなく、照明も販売しているのがこのお店最大の特徴。なかには「これが照明だったの?!」と驚くようなデザインのものも。商品はすべてオンライン販売でも取り扱っていますので、気になったものはサイズだけ測っておいて帰国後に通販で、という買い方がベター。

上／ヴィンテージ・マネキン、1440ポンド。時計は420ポンド。　右／1950年代の食器、144ポンド。

infomation

130 Shoreditch High St, London E1 6JE
火・金・土 11:00〜18:00
水・木 11:00〜19:00
日 11:00〜17:00　月曜定休
http://www.elemental.uk.com

Shoreditch

infomation

🏠 3 Rivington St, London EC2A 3DT
🕐 月〜金 11:00〜19:00
　土 11:00〜18:00
　日 11:00〜17:00
http://materialmaterial.com

本
Material
マテリアル

おみやげ探しにも最適な本のセレクトショップ

インディペンデント・ギャラリー"Red Gallery"併設の、本のセレクトショップです。扱われている本は、イラスト集や写真集、絵本など、英語が流ちょうでなくてもインスピレーションを得られるものが大半。ギャラリーとしても営業しているため、店内にはイースト・ロンドンのアーティストたちによる作品が展示されていることもあります。彼らの手によるオリジナルデザインのカレンダーやポストカードなど、他では手に入らないユニークな雑貨も数多く販売しており、おみやげ探しにも最適。若者向けのお店が多いShoreditchの中で、家族連れを多く見かける、こどもも楽しめる貴重なお店のひとつです。

ギフトカードやイラスト作品も販売。

上／こども向けの絵本や雑貨類も販売、Tシャツは18ポンド〜。
左／表紙を見るだけで楽しくなるような本ばかり。

左／毎週訪れる常連さんも。　右／色ごとに並べられたテーブルウェアが美しい。

> ティールーム

Vintage Heaven
ヴィンテージ・ヘヴン

週末だけオープンする、
秘密にしておきたいティールーム

週末の土日だけひっそりとオープンしている、知る人ぞ知るティールームです。「コロンビア・ロードを訪れる人々に、本当のイギリスのティータイムを体験してほしい」という願いから、オーナーのマーガレットさんがお店をオープンしました。本場イギリスらしい、クラシックなつくりのポットやカップだけでなく、お茶を沸かすためのケトルやエプロンまで、ティータイムに必要なものすべてを販売しています。奥には、マーガレットさん手作りのスコーンやケーキを楽しめるスペースが。スコーンにはお好みでクリームやジャムを塗って、おいしい紅茶と一緒にいただきましょう。イギリスの家庭の味を味わえる、なんだか懐かしい雰囲気の貴重な空間です。

上／イングリッシュ・ティー、1.5ポンド。スコーン2.5ポンド。　下／家事が楽しくなりそうなかわいいゴム手袋、各15ポンド。

infomation

🏠 82 Columbia Rd,
London E2 7QB

🕐 土 12:00〜18:00
　 日 8:30〜17:30
　 金 要予約　月〜木 定休

http://www.vintageheaven.co.uk

Shoreditch

infomation

- 61 Columbia Rd, London, UK E2 7RG
- 月～金 8:30～16:30
  土 12:00～17:00
  日 9:00～16:00
- http://www.milagros.co.uk

メキシコ雑貨

Milagros
ミラグロス

陽気でユニークなアイテムが揃う、メキシコ雑貨専門店

コロンビアロード沿いにある、ポップなメキシコ雑貨店です。すべての商品はメキシコからの直輸入で、メキシコ人オーナーがひとつひとつ買い付けて来たもの。一番の人気商品は、カラフルでかわいい柄のタイル。1枚当たり0.75ポンドと、買いやすい価格も人気の理由でしょう。大きなバスケットは洗濯物入れやゴミ箱としても最適で、ユニークなだけでなく実用的な雑貨店として、イースト・ロンドンの住民から愛されています。吊るされた人形をこどもたちが壊していくお祭り、「ピニャータ」のための人形も販売していて、お店にいるとだんだんメキシコにいるような気分に……。オーナーによると、裏口はメキシコの古代都市、テオティワカンに通じているとか、いないとか。

大きな人形、ピニャータが目を引く。バスケットは19ポンド～。

上／一番人気のタイル。メキシコといえばのガイコツグッズも各種取り揃え。　左／色鮮やかな店内はまるでメキシコ！

チキン・ティッカ、7.5ポンド。

チキン・カリー、8.2ポンド。ガーリック・ナン、2.2ポンド。マンゴー・ラッシー、3.7ポンド。

 インド料理

Dishoom

ディシューム

スタイリッシュな空間で
アップデートされたインド料理を

おしゃれな内装が好評の、モダンインド料理レストランです。インド料理店が多いロンドンの中で、数々の料理賞を総なめにしてきました。スパイスを効かせ、辛さだけではない複雑で奥深い味わいのカレーには、ライスよりもナンの方がよくあいます。ブレックファストにも、適度にスパイシーなオリジナルメニューが評判で、朝から夜までお世話になること必至。ランチやディナーのピークタイムには外まで行列ができますが、何分待ちかを店員さんが正確に伝えてくれますし、バースペースで待つこともできます。また、列の進みも早いので、一度店員さんに待ち時間を聞いてみましょう。6名以上からは予約も可能です。

インドテイストは控えめ？ スタイリッシュな店内。

infomation

🏠 7 Boundary St,
London E2 7JE
🕐 月〜水 8:00〜23:00
　木・金 8:00〜24:00
　土 9:00〜24:00
　日 9:00〜23:00
http://www.dishoom.com

Shoreditch

infomation

🏠 1 Redchurch St, London E2 7DJ
🕐 月〜金 8:00〜23:00
　　土・日 10:00〜23:00
http://www.andinalondon.com

創作ペルー料理

Andina
アンディナ

ペルー料理からインスパイア、有名シェフの創作料理レストラン

ペルー出身の有名シェフ、マーティン・モラレスさんが2013年にオープンした、創作料理レストラン。魚介や野菜をメインに扱うペルー料理は、ヘルシー志向の強い欧米から現在強い注目を集めており、ここのメニューの多くはペルー料理からインスピレーションを得ています。白身魚をライムでマリネする定番料理のセビーチェも、ただ真似るのではなくフルーツやナッツを加え、他では味わうことができないオリジナルフレーバーに仕上げられています。ペルーの蒸留酒ピスコも提供しており、日本ではなかなか味わうことができないインカの味を、イースト・ロンドンで堪能することができます。最大30名収容のダイニングを使用の際は、事前の予約を忘れずに。

上／カウンター席もテーブル席もあり。　下／定番のセヴィーチェ・アンディーナ、8ポンド。

ヤナ・セビーチェ、10ポンド。

タコのグリル、11ポンド。

> ダイニングバー

Juno
ジュノ

左／クリームソースのペンネ、6.5ポンド。　下／ソファ席で深夜までくつろげる。日替わりスパゲッティ、6.5ポンド。

アーティストたちが集うダイニングバー

Shoreditchで長年営業を続け、音楽やアートのイベントも主宰するダイニングバーです。イースト・ロンドン在住のアーティストがよく訪れることで知られ、店内で見られる絵画やペインティングの数々は、すべて地元在住のアーティストによる作品。大人数によるパーティーも開催可能で、若者を中心に地元住民から重宝されています。

infomation

🏠 Danco Shoes, 134-135 Shoreditch High St, London E1 6JE
🕐 日〜木 12:00〜24:00　金・土 12:00〜25:30
http://junoshoreditch.co.uk

展示作品は定期的に入れ替わる。

黒を基調に落ち着いた印象。人気店で、ピークタイムはいつも満員！

> ベトナム料理

Pho Viet 68
フォー・ヴィエット 68

ベトナム料理激戦区にオープンしたシックなモダンダイニング

Shoreditchはベトナム料理レストラン激戦区で、狭いエリアの中でいくつもの店舗がしのぎを削っています。2015年にオープンしたここは清潔感にあふれ、若い女性層を取り込み一躍人気店となりました。ピーク時にはいつも満員ですが、テイクアウトも行なっています。

上／エビの生春巻き、4.5ポンド。　下／定番のチキンフォー、9.95ポンド。

infomation

🏠 147 Shoreditch High St, London E1 6JE
🕐 月〜水 11:30〜15:00　17:00〜22:30
　木・金 11:30〜15:00　17:00〜3:00
　土 12:00〜23:00　日 12:00〜22:30

Shoreditch

infomation

📍 Rivington Place,
London EC2A 3BA

🕐 火・水・金 11:00〜18:00
　　木 11:00〜21:00
　　土 12:00〜18:00　日・月定休

http://www.rivingtonplace.org

ミュージアム

Rivington Place
リヴィントン・プレイス

ユニークな設計のヴィジュアルアート施設

タンザニア出身の有名建築家、David Adjaye設計のユニークな建築が目を引く、現代美術館。主に20世紀後半から現代までの作品展示を企画し、企画によっては作家自身が作品の前でトークセッションを開催することもあります。企画を担当しているのは、社会的メッセージの強いパフォーマンスが話題のヴィジュアルアーティスト集団Inviaと、文化的アイデンティティと人権問題を考えるヒントになる写真を紹介するAutograph ABPの2団体。映像や写真を用いる展示が多いため、ヴィジュアルパフォーマンスが行ないやすいよう天井が高くつくられていたり、写真が映えるよう壁は白で統一されていたりと、内装にも展示に対する配慮が感じられます。

上／地元の若者も多く訪れる。
下／作家・作品の解説も、とても詳細でていねい。

2015年の冬に開催された、写真家Syd Sheltonの展示の様子。

上／ステージの設営中。　右／地下鉄の車両がこんなところに！

アートスポット

Village Underground
ヴィレッジ・アンダーグラウンド

どうして屋上に地下鉄が？

ロンドンの若者に人気の、カルチャープレイスです。主に、ナイトクラブとして営業することが多いですが、アートイベントで使用されることもあります。しかし、それよりも興味をそそられるのは、建物の上に乗せられた地下鉄の車両。実はこの車両の中は複合型オフィスになっており、創設者のひとりである建築家のアイデアで、払い下げ車両をクレーンで吊り上げて屋上に置き、オフィスとして改造したそう。残念ながら屋上は一般に公開されていませんが、この車両が一緒に写るよう、通りで記念写真を撮る観光客も多く、今ではすっかりイースト・ロンドンの名所のひとつとなっています。ストリートアートで彩られた店の外壁も評判。定期的に塗り替えられているのでチェックしてみましょう。

地下鉄車両内の事務所（非公開）。

infomation

🏠 54 Holywell Lane, Shoreditch, London EC2A 3PQ
http://www.villageunderground.co.uk

Shoreditch

infomation

🏠 108 Leonard St,
London EC2A 4XS
🕐 10:00〜18:00 無休
🌐 http://pureevilgallery.virb.com

ギャラリー

Pure Evil Gallery
ピュア・イーヴィル・ギャラリー

新進気鋭グラフィックアーティストのアートに触れる

グラフィックアーティスト、Pure Evilが2007年にオープンしたプライベートギャラリーです。ウォーホルやダリなど、20世紀のアーティストから大きな影響を受けた彼は、ストリートアート主流の現在のイースト・ロンドンから少しだけ距離を置き、キャンバスやTシャツに絵を描いてこのプライベートギャラリーに作品を展示しています。しかし同時に、優秀なアーティストには積極的に自らのスペースを開放し、突然ギャラリーに無名アーティストの作品が展示されることも。Pure Evil自身の作品は、すべて販売されているので、気になった作品は遠慮なくスタッフに尋ねてみましょう。絵画だけでなく、Tシャツも販売しています。

Tシャツは20ポンド〜。

上／Pure Evil以外の作品は主に地下で展示される。

左／絵画は600ポンド〜。

リーズナブルなので、地元の若者でいっぱい！

左／クリームソースのペンネ、8ポンド。 右／アルゼンチンのマテ茶、テレレは3ポンド。

フードコート

Pump
パンプ

ガソリンスタンド跡地を利用した おしゃれなフードマーケット

かつてガソリンスタンドだった場所を居抜きで利用した、ユニークなつくりのストリートフードマーケットです。常時16種類以上の店舗が軒を連ね、イタリア、アルゼンチン、韓国、メキシコ、世界各国を代表する、路上で手軽に食べられるストリートフードを販売しています。最近ではこういったかたちの屋台を集めたフードコートが増えていますが、アルコール販売に対する規制が厳しいイギリスでは珍しく、バーBoneyardも併設。週末になれば、ビール片手にストリートフードを楽しむ若者たちでにぎわっています。どのお店も10ポンド未満で料理を提供しているので非常にリーズナブルですが、クレジットカードは使えず現金支払いのみなので注意。

週末にはアーティストによるパフォーマンスが行なわれることも。

infomation

🏠 168 Shoreditch High St, London E1 6HU
🕐 11:00〜23:00 無休
http://www.pumpshoreditch.com

Shoreditch

infomation

🏠 2-10 Bethnal Green Rd, London E1 6GY
🕐 月〜土 11:00〜23:00
　日 12:00〜22:00
http://www.boxpark.co.uk

ショッピングモール

BOXPARK
ボックスパーク

コンテナをそのまま利用したショッピングモール

2011年に、Shoreditch High Street駅の横にオープンしたショッピングモールです。貨物用コンテナをそのまま利用したモールの中には、GAPやギターアンプメーカーのMarshallのような世界的に有名な企業が店舗を展開。しかしそれだけではなく、P.84で紹介しているピザのVoodoo Ray'sや、雑貨店The Gift Boxのように、イースト・ロンドンを拠点にローカルで地道な活動を続けるショップを取り込んでいることが最大の特徴といえるでしょう。平日でも積極的にアーティストのパフォーマンスなどイベントを開催、オープン後すぐにShoreditchの新名所に。週末だけでなく、平日の夜も仕事帰りの若者を中心ににぎわいをみせています。

上／平日の夜でも地元の若者がちょっと一杯。　下／BOXPARKのレジデントDJによるパフォーマンス。

上／1Fにはショップ、2Fには飲食店が。
左／コンテナでできた建物が目印。

広い芝生を前にベンチで一休み。

Geffrye Museum
ジェフリー・ミュージアム

イギリスのリビング様式変化を一望できるミュージアム

1914年の開館後、実に100年以上営業し続けている、イースト・ロンドンの名物博物館です。1600年から現代までの英国のリビングのインテリア様式の変化を、当時の家具やインテリアを用いて再現しています。展示は11の時代にわかれ、1600年からひとつずつ時代を追って見ていくと、まるでタイムスリップしているような感覚に。最後に現代のリビングルームを見ると、見慣れているはずのデザインも、ひと味違って見えるはず。かわいいインテリア雑貨を販売しているショップもあるので、ここでグッズをたくさん買い込んで、イギリス風リビングを自宅で再現してみるのもいいかもしれません。館内は入場無料なので、ショッピングのためだけの入館も可能です。

上／ミュージアムショップは幅広い品揃え。 右／現代の代表的なイギリスのリビングルーム。 下／1600年当時のイギリス家庭の食卓。

infomation

🏠 136 Kingsland Rd, London E28 EA
🕐 火〜日 10:00〜17:00
　月曜定休
http://www.geffrye museum.org.uk/

Shoreditch

> マーケット

Columbia Road Flower Market
コロンビア・ロード・フラワー・マーケット

ガーデニング大好き！なイギリスならでは

1869年、当時スラム街であったイースト・ロンドンの生活を改善するために、新鮮な食料品を安く購入できる市場、Columbia Marketがオープンしました。その後この市場は閉鎖を余儀なくされるも、それを引き継ぐかたちで20世紀初頭からフラワー・マーケットが開催されるように。以降、世紀をまたぎ、ガーデニングを愛するイギリス人に愛され続けてきました。イギリス国内だけでなく、オランダなどヨーロッパ各国から集められた色鮮やかな花々は、どれも美術品のような美しさ。現在では、イギリスを代表するマーケットとして観光名所にもなっています。マーケット自体は14時までですが、午後にはもう花が売り切れていることもあるので、なるべく午前中に行くのがオススメ。

クリスマスにはもみの木を販売。

infomation

🏠 Columbia Rd, London E2 7RG
🕗 日曜 8:00～14:00
http://www.columbiaroad.info

上／写真はAM7:30、オープン前から人だかりが。　右／フルーツでできたリースがイギリスらしくてかわいい。

Column1

ロンドンの「クール・ジャパン」

近年、「クール・ジャパン」と称して政府主導で積極的に日本の文化を輸出する動きが盛り上がっています。日本では、海外で人気が高い日本のソフトは、主にオタク向けのマンガやアニメを中心としたサブカルチャーがメインと思われていますが、実情はちょっと異なります。ここ数年の欧米でのグルテンフリー食品ブームがきっかけとなり、寿司や豆腐などヘルシーな和食に急速に注目が集まりました。ロンドン在住の日本人シェフ、佐野牧子氏の著書『Sushi Slim』は発売後またたく間にベストセラーとなり、12か国語に翻訳されるほど。口火を切ったのは食でしたが、気がつけば着物や日本茶などの伝統文化や、ていねいなものづくりで知られる日本製の自転車や化粧品、ファッションにも注目が集まるようになりました。イースト・ロンドンの街を歩けば、コム・デ・ギャルソンやナノ・ユニバースというジャパニーズ・ブランドの服を好んで身につける若者たちにも遭遇します。なかには、それが日本のブランドだと意識しないで身につけている人も。「クール・ジャパン」は、文化オタク層だけでなく、「ヒップでおしゃれな街、イースト・ロンドン」の一部として、自然に受け入れられているのです。たまに変な漢字が書かれたTシャツや看板も見かけますが、そのあたりはご愛嬌。

東京ブランド「トーキョー・バイク」。

日本茶もブーム。

ヴィンテージショップでは着物も人気。

Dalston

ダルストン

ショーディッチがトレンドの中心地となり、家賃が高騰するにつれ、イースト・ロンドン内の流行の発信源がどんどん北へとうつり、発展しはじめた「アップカミング・エリア」です。このあたりは、Dalston Kingsland駅の正面で長年続くマーケットに象徴されるように、もともとは飲食店向けの精肉店や鮮魚店が軒を連ねる、「イースト・ロンドンの食料庫」でした。その周辺に、各国の移民が母国料理を味わえるレストランを開くようになり、気づけば多国籍な飲食街に。それにつれて、新興住宅地が開発され、クリエイティブなショップも続々オープン、現在ではロンドン屈指のヒップなエリアのひとつとなっています。

Dalstonエリアへの行き方
オーバーグラウンドDalston Junction（ダルストン・ジャンクション）駅、Dalston Kingsland（ダルストン・キングスランド）駅ともに下車してすぐ。

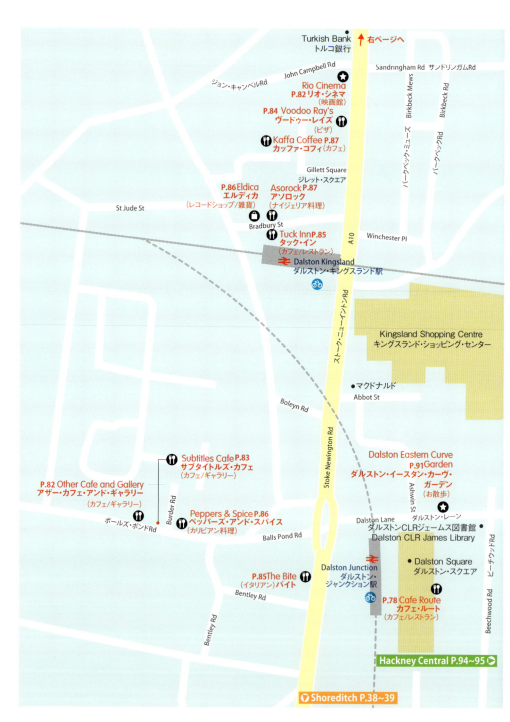

冬の流行、「アグリー・セーター」コーナー。

上／鮮やかな色のワンピースがたくさん。目移りしてしまいそう。　右／ベルトや帽子、マフラーなど小物も、すごい量！

ファッション

Beyond Retro Dalston
ビヨンド・レトロ・ダルストン

圧倒的な品揃え、
イースト・ロンドン最大の古着ショップ

ロンドンに3店舗をかまえる、大型古着ショップ。中でもダルストン北部にあるこの店舗は、倉庫を居抜きした広々としたつくりを最大限に活かし、イースト・ロンドンの古着屋すべてをみても、最大の品揃えを誇っています。商品は主に、80年代のアメカジが中心。ジーンズやスタジャンなど、初期のMTVで見かけたようなレトロな味わいのヴィンテージウェアを20ポンド前後で販売しています。レトロなだけでなく、季節ごとに特設コーナーも設けており、クリスマスシーズンには近年欧米で大人気の「アグリー・セーター（ちょいダサ）」を取り揃え、時流も逃さずしっかりとキャッチ。店名通り「レトロを越えて」、ファッションで過去と現在をつないでいる一軒といえるでしょう。

ヨーロッパらしい石造りの入り口。

infomation

🏠 92-100 Stoke Newington Rd, London N16 7XB

🕐 水〜金 10:00〜20:00
　月・火・土 10:00〜19:00
　日 11:30〜18:00

http://www.beyondretro.com/en/

Dalston

infomation

📍 1 Stoke Newington Rd, London N16 8BH

🕐 月〜木 11:00〜20:00
　　金〜日 11:00〜18:00

https://www.stighlorgan.com

ファッション小物

Stighlorgan SLG Store
スティグローガン・SLG・ストア

アイルランド発
機能性の高いバッグブランドの直営店

日本にも根強いファンが多い、バッグ・リュックサックのブランド、スティグローガンによる世界唯一の直営店。ブランドのルーツである、アイルランドの伝統文化にインスパイアされ、長旅にも耐え得るていねいなかばん作りをモットーにしています。カジュアルにもフォーマルにも対応できるよう、カラフルながらも抑えが効いたデザインが非常にユニーク。コンパクトな見た目なのに大容量だったり、ノートパソコン用のポケットも付いていたりと、実用性もバッチリです。海外ブランドだけでなくイースト・ロンドン在住のデザイナーによるユニセックスの服や小物も販売し、バッグにあわせたコーディネートも提案。世界中に顧客を抱えながらも、しっかりとローカルに根を張った活動を続けています。

ミリタリーデザインのグリップバッグ、95ポンド。

ロールトップ・バックパック、110ポンド。

上／ショルダーバッグにもリュックにもなる黒のバッグ、85ポンド。キャップはイギリスのブランドBEEのもの、35ポンド。ボーダーシャツはデンマークのブランドWOOD WOODのもの、64ポンド。左／ベグリップバッグは145ポンド〜、リュックは125ポンド〜。スウェーデンのブランド、Elvinのレインウェア、129ポンド〜。

朝昼晩と、どの時間帯も落ち着ける。シルバーの水差しがどことなくエスニック。

カフェ／レストラン

Cafe Route

カフェ・ルート

4種類のサラダバーセット、9.5ポンド。

ダルストンで味わうエキゾチックサラダ

2013年にオープン後、瞬く間にダルストンを代表する一軒となったレストラン。早朝から夜まで休みなく営業しているため、時間帯によってメニューは変わりますが、いつも大人気なのがサラダバーセット。このセットでは、カウンターにある10種類以上のサラダから、3種類もしくは4種類を選ぶことができます。中東料理からインスパイアされたエキゾチックな味が多く、パセリやクスクスなどは、本場中東各国からわざわざ仕入れているとのこと。店内で提供しているワインやチーズ、スイーツなども販売しており、気に入ったお酒やおつまみをテイクアウトすることもできます。サラダだけでヘルシーにお腹いっぱい！

上／オーガニックのスイーツや紅茶なども販売。グラノーラは2.8ポンド。　下／中東の定番サラダであるタブーリや、エクアドル産キヌアを使ったものなど、サラダバーはどれも多国籍。

infomation

🏠 Gaumont Tower, Dalston Square, London E8 3BQ
🕐 月〜金 7:00〜22:30
　土 8:00〜22:30
　日 8:00〜21:30
http://www.caferoute.co.uk

Dalston

infomation

🏠 89 Shacklewell Ln, London E8 2EB
🕐 月〜金 18:00〜23:00
　土・日 12:00〜23:00

スローフード・レストラン

Floyd's
フロイズ

地産地消、スローフードレストラン

スウェーデン出身のオーナーシェフ、コンラドさんが2013年にオープンしたスローフードレストラン。廃墟同然だった建物をコンラドさん自らが修復し、内装を手がけました。とことんスローフードにこだわり、すべての素材を近郊の契約農家から仕入れる徹底ぶり。さらに、近年欧米で注目されはじめたグルテンフリーメニューもいち早く取り入れ、最新型の創作料理としてロンドンで注目を集めています。それでも決して高級店ではなく、地元の人に日常使いしてもらえるよう、ひとつひとつのメニューは10ポンド前後とお手頃価格に据え置き。ケータリングサービスも積極的に行なっており、ダルストン中にファンを増やし続けています。

上／サーモンのマリネとエッグスベネディクト、8.5ポンド。　下／野菜たっぷりズッキーニのリングイネ、13.5ポンド。

デザートもグルテンフリー。チョコレートケーキは6ポンド。

上／カウンター席もあり、奥にキッチンが続いている。　左／清潔感があり、こぢんまりとした店内。緑がアクセント。

広くはないが、グッズがたくさんで見ごたえあり。

上／アート作品や手作りのアクセサリーも販売している。
右／抹茶ラテは2.7ポンド、手作りのクッキーは1.1ポンド。

カフェ／雑貨

The Hackney Pirates

ハックニー・パイレーツ

海賊船をモチーフにした
ダルストンの秘密基地

2014年1月に設立された、同名のNPO法人が経営するカフェ。海賊船をモチーフとした店内は、事務所やワークショップのスペースも兼ねており、地域の社交場としていつもダルストンの住人たちでにぎわっています。彼らのモットーは、こどもたちの隠れたポテンシャルを引き出す手助けをする、そしてそのチャンスを平等に与えることです。そのため、店内にはこどもたちがインスパイアされそうな絵本やおもちゃ、雑貨などが展示販売されていますが、大人が見ても心躍ってしまうものばかり。このNPO法人では、活動をサポートしてくれる「乗組員」を随時募集中とのことで、もしイギリスに長期滞在することがあれば、思い切って「海賊船」の一員になってみてはいかがでしょう？

左／こどものための場所の存在意義を説明する店内看板。　下／こども向けの絵本がずらり。眺めるだけでも楽しい。

infomation

📍 138 Kingsland High Street, London E8 2NS
🕐 月〜日 9:00〜22:00
http://www.hackneypirates.org

Dalston

infomation

🏠 56 Stoke Newington Rd, London N16 7XB

🕐 火〜土 12:00〜19:00
　日 12:00〜18:00　月曜定休

http://www.huhmagazine.co.uk

流行りのミクソロジーカクテルをつくるためのサイコロ、OCELOTのチョコレートと靴下、KINFOLKのカードセットが同じ棚で販売されている。

ファッション／雑貨

HUH.
フフ．

ロンドンっ子の新しいライフスタイルを提案

ファッションだけでなく、アートや最新家電、レストランまで網羅する新しいかたちのカルチャー情報サイト、「HUH Magazine」が運営するセレクトショップ。ウェブサイトがそのまま店舗になったような、白を基調とした清潔感あふれる店内には、オーナーが厳選した落ち着いた色使いのシンプルな服や小物類が並んでいます。男性向け、女性向けともに、2000年代以降にロンドンでも人気が高くなった北欧デザインの系譜に連なるものばかり。ウェブサイトで紹介されている新作のお菓子やインテリアも販売しており、サイトとお店の両方で、ロンドンの新しいライフスタイルのあり方を提案し続けています。サイトでは通販も可能なので、まず日本でチェックを。

器はすべてデンマークのブランド、Ferm Livingのもの。

カフェ／ギャラリー

Other Cafe and Gallery
アザー・カフェ・アンド・ギャラリー

ストライプの壁紙とゴブラン織りの花柄ソファの組み合わせがかわいい。

レトロでガーリーな
リビングルームのよう

コロンビア人のオーナーが経営する、カフェ兼ギャラリー。コーヒーは、すべてオーナーの故郷であるコロンビアから輸入しています。思わず家に持って帰りたくなるかわいらしいインテリアやアートを見ながらのんびりするには、アフタヌーン・ティー・セットがオススメ。ドリンク付きで、ひとり245ポンド〜。

infomation
- 48 Balls Pond Rd, London N1 4AP
- 月・木・金 8:00〜18:00　水 10:30〜18:00
  土 9:30〜18:00　日 10:00〜18:00　火曜定休
https://www.facebook.com/OtherCafe/

カフェ・アメリカーノ、2.4ポンド。クロワッサンは1.8ポンド、カップケーキは2.4ポンド。

映画館

Rio Cinema
リオ・シネマ

歴史ある映画館は、
ダルストンのランドマーク

実に100年近い歴史を誇る、ダルストンの象徴的な映画館です。完全なインディペンデント経営の映画館として知られ、ハリウッドの超大作から誰も知らないローカルなインディーズ映画まで、「おもしろいもの」であればなんでも上映してきました。映画製作のスクールも開校しており、ロンドンのカルチャーを語る上で避けては通れないスポットです。

上／黒板に描かれた飲食メニュー。カムデンの地ビールからサモサまで、オリジナルなローカルなセレクトが新鮮。　下／水色の柱からなるエントランスがかわいい。

infomation
- 107 Kingsland High St, London E8 2PB
https://riocinema.org.uk

Dalston

カフェ≠ギャラリー

Subtitles Cafe
サブタイトルズ・カフェ

infomation

42 Balls Pond Rd, London N1 4AP
月～金 8:00～17:00
土・日 10:00～17:00
http://www.subtitlescafe
dalston.co.uk

コーヒー片手に、カルチャーを楽しむ

映画とアートとコーヒーを愛するオーナーが「どうせなら全部一緒にしてしまえ」とオープンしたのが、このカフェ兼ギャラリー。店内には映画のポスターや地元のアーティストの作品が展示されているほか、オーナーが大好きなチェコ映画のパンフレットやDVDを販売しています。なかには、チェコの人でさえ知らないようなマニアックな作品もあるんだとか。飲みものも評判で、最近は日本茶にはまったオーナーが、抹茶ラテやほうじ茶ラテを開発中とのこと。閉店後、夜中にレアなイギリスのインディペンデント映画やチェコ映画の上映会を開催することもあります。日程はすべてHPで告知しているので、映画好きは要注目。

カフェマキアート、2.2ポンド。

「ロッキー」と「ガメラ」の映画ポスター。こちらは非売品。

上／店内に飾られたポスターが目をひく。
左／オーナーお手製のサンドウィッチも評判、5ポンド～。

ガストロ・パブ

Birthdays
バースデーズ

音楽フェスも主催する
スタイリッシュな最新型パブ

イギリスに多い古めかしいパブとは違い、黒を基調としたスタイリッシュなパブです。ダルストン近郊に住んでいるアーティストやミュージシャンのイベントを頻繁に開催し、近年ではここがキュレーターとなった音楽フェスティバルも開催しています。一味違ったパブ体験をしてみたい人にオススメ。

infomation

🏠 33-35 Stoke Newington Rd, London N16 8BJ
🕐 月〜木 16:00〜24:00　金 16:00〜27:00
　　土 12:00〜27:00　日 12:00〜24:00
http://birthdaysdalston.com

黒を基調としたつくりに、カラフルなネオンが映える。

右／パテも自家製の、大人気チーズバーガー、7.95ポンド。　下／客層も若くてオシャレ。

ミンチステーキが山盛りのThe Meat is on（右）が4.2ポンド、ヴィーガン向けのQueen Vegan（左）が3.7ポンド。

ピザ

Voodoo Ray's
ヴードゥー・レイズ

深夜営業もありがたいピザ専門店

常時12種類のピザを揃える、ニューヨークスタイルのピザ専門店です。注文は一切れから受け付けてくれるので、ちょっとだけ食べたい人にも、いろいろな種類を試したい人にもうれしい。ナイトクラブ「ダンストンネル」を併設しているため、週末はもちろん平日でも夜遅くまで営業しており、仕事帰りのダルストン住民にも重宝されています。

infomation

🏠 95 Kingsland High St, London E8 2PB
🕐 日〜木 17:00〜24:00　金 17:00〜27:00
　　土 12:00〜27:00
http://voodoorays.com

目の前に何種類も焼き上がったピザ。注文後に、温めてくれる。定番のRegular Slice（3.5ポンド）をはじめ、半分はヴィーガン向けのメニュー。

Dalston

イタリアン

The Bite
バイト

テイクアウトがお得な
本格派トラットリア

イギリスで20年以上のキャリアを積んできたシェフがオーナーを務める、イタリアンレストラン。リゾットやパスタもおいしいですが、一番人気はやはりピザ。イタリアらしく、すべて13インチのホールサイズで提供しています。小麦の味が楽しめるよう、生地は、クリスピーというよりもふんわりと焼き上げているのだとか。テイクアウトなら、お得な15%オフ。

infomation

📍 533 Kingsland Rd, London E8 4AR
🕐 月〜日 12:00〜23:30
http://www.thebitedalston.co.uk

上／店内は赤、白、緑のイタリアンカラー！ 右／シーフードパスタ 7.95ポンド。

ティラミス 3.95ポンド。Anchovy Pizza 8.95ポンド。Four Cheese Pizza 7.95ポンド。

カフェ／レストラン

Tuck Inn
タック・イン

入口から見渡せる、小さな店内。

名物オーナーお手製の
カフェごはんでまったり

大盛りのカフェごはんが評判の一軒です。しかし、料理以上に有名なのがオーナーのピーターさん。初めてのお客さんにも、まるで数年来の友人を迎えるかのようにフレンドリーに接してくれます。そのサービスが次第に口コミで広まり、今ではすっかりダルストンの名物おじさんに。彼の人柄に惹かれて、今日もカフェは地元の住民でにぎわっています。

上／日替わりカレー、サラダもついて7.5ポンド。 左／ちょっとオールドアメリカンな装飾。残念ながらピーターさんの写真はNG!

infomation

📍 13 Bradbury St, London N16 8JN
🕐 火〜日 9:00〜23:00　月曜定休

カリビアン料理

Peppers & Spice
ペッパーズ・アンド・スパイス

ダルストンの胃袋を支えてきた
人気カリビアン料理店

時には店からはみ出るほどの行列が常にできている大人気カリビアン料理店です。創業以来数十年に渡り、ダルストンの街を見守り続けてきました。豆ご飯にスパイシーなチキンやフィッシュを乗せるだけのメニューは一見乱暴に見えますが、一口食べれば行列の多さに納得のおいしさ！ テイクアウト中心ですが、イートインも可能です。

スパイシーな香りにつられて、常に行列が。

右／ラージプレート。チキンを添えて5.95ポンド。　左／壁にはネルソン・マンデラやバラク・オバマなど、アフリカ系移民たちのアイドルの写真が飾られています。

infomation
 40 Balls Pond Rd, London N1 4AU
月～土 10:00～23:00　日 12:00～21:00

レコードショップ／雑貨

Eldica
エルディカ

ジャマイカンテイストあふれる
雑貨がいっぱいのレコード店

レコードも、Tシャツも、デニムも！

レゲエやスカを専門に取り扱うレコード店ですが、一歩中に入ると、たくさんの7インチや12インチに加え、おもちゃやアンティーク食器、雑貨なども販売しています。特に雑貨は、ジャマイカ風でどれもかわいい。そして安いので、ちょっと変わったおみやげを見つけるにはもってこいかもしれません。

infomation
8 Bradbury St, London N16 8JN
火～金 11:30～19:00　土 11:00～18:00
日 12:00～18:00　月曜定休
http://www.eldica.co.uk

一見、「なんのお店なんだろう？」と不思議な店構え。

Dalston

ナイジェリア料理

Asorock
アソロック

アフリカ系移民が集う ナイジェリア地元の味

上／ファストフード的に手軽に食べられる。 右／店内ではナイジェリアのケーブルテレビも放送。

アフリカ系移民が多いダルストンで、人気のナイジェリア料理レストランです。テイクアウトもイートインも可能。ナイジェリアの伝統料理、ヤムイモからつくったお餅のようなフフが主食の、「オケレ」を頼んでみましょう。スパイシーな野菜ソースと、ほんのり甘いフフは相性抜群。フフは右手でちぎって食べるのがマナーです。

infomation

🏠 7 Bradbury St, London N16 8JN
🕘 11:00〜23:00　無休
http://www.asorockfood.co.uk

「オケレ」、ほうれん草と鶏肉にフフがついて5.5ポンド。

カフェ

Kaffa Coffe
カッファ・コフィ

エチオピアンコーヒーをブラックで

エチオピア人のマルコスさんが「自国のおいしいコーヒーをロンドンの人たちにも味わってほしい」という想いから、2004年にオープンしたエチオピアンコーヒーカフェです。エチオピアでは、コーヒー豆を水洗いせず、天日で干して乾燥させるという製法が一般的。これにより、ブラックコーヒーでも豆の甘味が感じられる独特のフレーバーが味わえます。

上／ブラックで飲むのがオススメ、一杯2ポンド。　下／エチオピア国旗が飾られたカウンター。

infomation

🏠 1 Gillett St, Dalston, London N16 8AZ
🕘 9:00〜21:00　無休
http://www.kaffacoffee.co.uk

店内各所に、メキシコの画家フリーダ・カーロの肖像画が。

上／店内の布飾りや、天井にあたる照明までリュウゼツラン（=店名となっているお酒、メスカルの原料である植物。テキーラもメスカルの一種）のかたちで、メキシコを感じられる。　右／メキシコといえば死者の日。カラフルなガイコツが有名。

メキシコ料理

Mezcal Cantina

メスカル・カンティーナ

スパイシーなサルサソースが絶品！

2012年にオープンした、本格メキシカンレストランです。タコスやブリトーなど、メキシコの定番料理はお手軽につくれることからロンドンでも提供する店は多いですが、そのほとんどはメキシコ人に言わせれば「メキシコ料理とは認められない」そう。このお店は、そんなロンドンで数少ない本格メキシコ料理を食べさせてくれる一軒。メキシコから移住してきたシェフたちが、トウモロコシの香ばしい匂いを日夜店内に振りまいています。ロンドンのラテンコミュニティに貢献したレストランに贈られる"Lukas Awards"を2014年から2年連続で受賞。このことからも、いかにこのレストランがロンドンのラテン系移民にとって貴重な空間なのかがうかがい知れます。

スパイシーなメキシコ料理にはコロナビールが相性抜群！　チキン・ブリトーは11.5ポンド。

infomation

🏠 127 Kingsland High St, Dalston, London E8 2PB
🕐 17:00〜23:00　無休
http://mezcalcantinabar.com

Dalston

キューバ料理
Escudo De Cuba
エスクド・デ・クバ

infomation

🏠 20 Stoke Newington Rd, London N16 7XN

🕐 月〜金　16:00〜24:00
　　土・日　12:00〜24:00

http://www.escudodecuba.com

革命の味!?　多彩なキューバン・フード

2014年にオープンしたばかり。日本からはあまりに遠く感じるキューバですが、食べものはというと、豆ごはんを主食に、チキンやビーフをグリルしたがっつり肉料理からヘルシーな野菜のマリネまで、そのバリエーションは非常に豊富です。このお店では、いろいろな種類の料理をちょっとずつ食べられるプレートメニューがあるので、初めての方はまずそれからチャレンジしてみるのがオススメ。20時までは毎日ハッピーアワーを開催し、ラテンのカクテルが10ポンドで2杯まで楽しめるので、早めに行って早めにほろ酔い気分を味わいましょう。毎週水曜日にはサルサのレッスンがついてくるスペシャルディナーコースも。

上／定番の鶏料理、Pollo Frito Cubanito。10.95ポンド。　左／キューバのカクテル、Cuban Libre 6.75ポンド。つけあわせにオリーブとバナナチップスもついてくる。

上／「キューバのカルチャーを味わって」　左／テーブルにはキューバの国旗にもある革命の赤い星が。

89

うわさを聞きつけて、ヒップなお客さんが口コミで集う。

Ruby's
ルビーズ

ヒップな隠れ家カクテルバー

通りに面した入り口から、薄暗い階段を降りると、地下に広がるのは、地上からは想像できないほどおしゃれな空間！とことん雰囲気作りにこだわった隠れ家バー。「Ruby's」という店名は、もともとこの場所を借りていた中華料理屋の名前をそのまま拝借した、という逸話に代表されるように、内装にもいちいちシャレがきいています。バーテンダーも饒舌なので、彼らとのおしゃべりを楽しみに来るお客さんも多いんだとか。カクテルには旬の素材を使うため、メニューを季節ごとに変更。ベースとなるお酒も定番のものだけではなく、日本製のウイスキーを使用するなど、積極的に新しいカクテルの可能性を追求しています。

上／定番のBloody Ruby。カクテルはすべて1杯8.5ポンド。　下／冬季限定、チョコレートカクテル。

infomation

🏠 76 Stoke Newington Rd, London N16 7XB
🕐 火〜木 18:30〜24:00
　　金・土 18:30〜26:00
　　日・月定休
　 www.rubysdalston.com

Dalston

お散歩
Dalston Eastern Curve Garden
ダルストン・イースタン・カーヴ・ガーデン

緑と大空でチルできる
プライベートパーク

世界的な大都市として知られているロンドン。それでも少し歩けば各所に緑あふれる公園があります。だから「ダルストンにもチルアウトできる空間がほしい」。そんな住民の声にこたえて2010年につくられた私設公園です。もともとはDalston Junction駅の敷地でしたが、駅の改装に伴い、自然素材を使うことで知られる前衛芸術家集団EXYZTの手によって生まれ変わりました。公園には無料で入れますが、カフェやピザスタンドも併設されており、家族で食事を楽しむダルストン住民の姿もちらほら。日が落ちてからは地元のヴィジュアルアーティストによるライトアップが行なわれ、1日を通してダルストンのオアシスとして親しまれています。

上／公園にはいつも庭師が駐在して、緑の状態を管理している。下／「ルームメイト募集！」など、地域の掲示板も設置。

infomation

🏠 13 Dalston Ln,
London E8 3DF

🕐 月・水 11:00〜19:00
　木・日 11:00〜22:00
　火・金・土 11:00〜23:00

http://dalstongarden.or

上／牛乳パックの絵の具で色をつけた、地元のこどもたちの作品。右／公園の入り口。空が抜けていて、入る前から気持ちがいい。

Column2

オイスター・カード

ロンドン内を移動するのに便利なのが、ロンドン版ICカードの「オイスター・カード」です。電車、地下鉄、バス、トラム、どこででも利用可能。カード自体はヒースロー空港や大きな駅の自動販売機で買えるので、購入する際に大きな問題はないのですが、大事なのはお金のチャージ。駅が近くにあれば、駅の自動券売機でチャージできますが、イースト・ロンドン内を移動中にオイスター・カードの額が足りなくなったけれど、近くに駅がない場合があります。そんな時に覚えておきたいのが、「オフライセンス」の活用法。オフライセンスと呼ばれる個人経営のコンビニでは、オイスター・カードのチャージができる店舗もあるのです。チャージができる店の見分け方としては、店の外観のどこかに必ずオイスター・カードのロゴが貼られてあるはずなので、困ったらそれを目印に探してみましょう。お店の人にオイスター・カードを渡し、「トップ・アップ、○○ポンド・プリーズ」と金額を伝えてお金を払えば、オイスター・カードにチャージしてもらえます。最近では、ロンドン五輪やウィリアム王子の結婚の際に限定版記念オイスター・カードが発売されました。そんな時期に運良くロンドンにいたら、ふつうでは手に入らない貴重なオイスター・カードをお土産にしても喜ばれるかもしれません。

ウィリアム王子結婚記念
限定オイスター・カード

オイスターの看板が目印。

オイスターカードはヒースロー空港で購入できます。

Hackney Central

ハックニー・セントラル

イースト・ロンドンの行政区である、ハックニー区の役所があるエリア。広々とした公園もあり、イースト・ロンドンの中では比較的落ち着いた場所でしたが、近年では長い間続くブロードウェイ・マーケットが急速に評判となり、もはや観光地のひとつとして数えられるように。週末ともなれば、たくさんの人であふれかえっています。マーケットがにぎわうにつれて、ショップやレストランも増え、倉庫や工場だった建物がカフェやレストラン、住宅地に使用されて、家賃もどんどん上がっているそう。昔は治安もよくありませんでしたが、現在では家族連れも多く、リラックスしたムードの中でもセンスのいい新スポットを楽しめて、注目を集めています。

Hackney Centralエリアへの行き方

オーバーグラウンドHackney Central（ハックニー・セントラル）駅を下車して、メア・ストリートをハックニー・エンパイア方面へ。徒歩3分。ブロードウェイ・マーケット方面へは、オーバーグラウンドLondon Fields（ロンドン・フィールズ）駅を下車して、ロンドン・フィールズ公園に沿ってリージェンツ運河方面へ。徒歩11分。

上／オーガニックチョコレート、ひとつ4.5ポンド〜。 右／地元で生産された新鮮な食材が並ぶ。

`マーケット`

Broadway Market
ブロードウェイ・マーケット

ストリートフードが充実、イースト・ロンドンを代表する歴史的マーケット

1890年の開設以来、毎週土曜日に開催されている、ロンドンを代表するマーケットのひとつ。オープン当初から掲げられている、「イースト・ロンドンの多様な文化と食事を家庭に持ち帰る」というモットーは、現在もまったく変わることなく受け継がれており、マーケットの多いロンドンの中でも特にストリートフードのストールが充実しています。財政事情から一度は閉鎖されたこともありますが、有志の働きによって2004年5月に復活。マーケットを開催している通りには、100年以上続く伝説的なお店もあることから、ロンドンだけではなく世界中から注目を集めるスポットとなりました。ハックニーだけではなく、イースト・ロンドン全体の勢いを牽引するマーケットのひとつです。

上／熱々のポークロースト！ 7ポンド。
下／買い食い天国！

infomation

- Broadway Market, London, E8 4QJ
- 土 9:00〜17:00
- http://broadwaymarket.co.uk

Hackney Central

infomation

🏠 13-23 Westgate St,
London E8 3RL
🕐 土 11:00〜18:00
　http://netilmarket.tumblr.com

上／ヴィンテージのファーアイテムやインテリア用品も。　下／ルームスプレーや花瓶など、お部屋を彩る雑貨も多数。

マーケット

Netil Market
ネティル・マーケット

アートスタジオが運営するエッジーでクールなマーケット

イースト・ロンドンの中で、数多くのアートスタジオやショップを運営するクリエイティヴ団体、Netil Houseが運営するマーケット。ブロードウェイ・マーケットの開催に合わせて、毎週土曜日にオープンしています。開催のたびにストールを組み立てる他のマーケットとは大きく異なり、厳しい審査をくぐり抜けた店舗が、敷地内に設置されたコンテナの中で、しっかりと店内をデコレーションして営業していることが最大の特徴でしょう。マーケット内は、食関係よりも、どちらかというとショッピングできるお店が多め。店舗も定期的に入れ替わっているので、HPで事前に出店内容をチェックしてから訪れる方がいいかもしれません。

家具が取り付けられた目立つ看板。

左/チョコレート、レーズン、アーモンドなど、味の違いが楽しめるクイニーアマン。 右/焼きたてのフレンチカワードウ、2.6ポンド。

ベーカリー

Yeast
イースト

高級レストランの味を
テイクアウトできるベーカリー

工場や作業所が軒を連ねる高架下の一角で、土曜日だけひっそりと営業しているベーカリー。実はここ、ふだんは「パンの卸」として、ロンドン中の高級ホテルや高級レストランに、パンやスイーツをホールセールで販売しているパン工場なのです。ブロードウェイ・マーケットの開催日である土曜日に合わせて、週に一度だけ工場を店舗として開放し、地元住民に向けて格安でパンを販売しています。特に評判なのが、5種類以上あるクイニーアマン。目移りしてどれを買うか悩んでしまいそうですが、まずはシンプルなプレーンタイプがオススメです。濃厚な甘さとしっとりした食感は、病みつきになること間違いなし。高級店の味を家庭で味わえる、隠れ家的なベーカリーです。

線路の高架下のベーカリー。

infomation

🏠 Arch 356, Westgate St, London E8 3RL
🕐 土 9:30〜17:00
http://www.yeastbakery.com

Hackney Central

infomation

🏠 365-366 Warburton St, London E8 3RR
✅ 月〜木 17:00〜24:00
　　金 15:00〜24:00
　　土・日 12:00〜24:00
http://londonfieldsbrewery.co.uk

醸造所は、常にひんやりしていて一定の温度が保たれています。

ブリュワリー

London Fields Brewery
ロンドン・フィールズ・ブリュワリー

見学・試飲可能な、ロンドンを代表する地ビールの醸造所

イースト・ロンドンだけでなく、ロンドンのパブに行くとどこでも「London Fields」という地ビールを見かけるはず。泡のきめ細かさと、苦味の奥にほんのり感じるホップの甘みが評判のこのビールは、ロンドン住民の定番で、そのすべてをこの場所で醸造しています。醸造所は一般にも公開されていて、平日は19時に、土日は12時から17時まで1時間おきに、毎日見学ツアーを開催。参加費13ポンドで、ホップを選別して炒る様子から、水を加えて完成させていく過程を実際に醸造を担当しているスタッフがていねいに解説してくれます。もちろんツアーの最後には、できたてのビールで乾杯！　ボトルでも販売しているので、おみやげにロンドンの地ビールなんていかがでしょうか。

右上／持ち帰りのボトルビールも、アルコール度数が高いトライアングルや、赤いペールエールなどさまざま。1本2.2ポンド〜。　右／定番のクラフトラガー、1パイントで4.1ポンド。

日本の写真集も芸術から社会派写真まで取り揃えている。

上／新刊本から古本まで、世界中からセレクトされた本。
右／異性装者や、60年代のヒッピー、サイケ文化にかんする本など。

本

Donlon Books

ドンロン・ブックス

まだ見ぬ世界から、インスピレーションを感じて

2008年にオープン、2010年に現在の場所に移転した、フォトブックやイラスト集などのヴィジュアル本を中心に販売するブックショップ。オーナーは別の店舗でこけしを販売するほどの親日家で、日本人でも知らないクールな日本の写真集やデザインに関する書籍を数多く目にすることができます。特に日本の写真家、森山大道氏の大ファンなのだとか。もちろん、日本以外の国からも、多くの書籍を輸入して販売しています。2013年には、イギリスの伝説的な劇作家、ジョー・オートンに関する書籍の製作をきっかけに、出版社としての業務も開始。ショップとしてだけでなく、クリエイター集団としても注目を集めています。

infomation

🏠 75 Broadway Market, London Fields, London E8 4PH
🕐 火〜金・日 11:00〜18:00
　 土 10:00〜18:00　月曜定休
http://donlonbooks.com

Hackney Central

infomation

🏠 79a Wilton Way, London E8 1BG
🕐 木〜日 11:00〜18:00
　月〜水 定休
http://momosanshop.com

雑貨

Momosan Shop
モモサン・ショップ

日本人らしい感性が光る
雑貨のセレクトショップ

若くして海を渡り、日本とイギリスのふたつの国で生活してきた水谷桃子さんが、「ものでつなげる文化」をコンセプトに、実用的で創造的な商品をセレクトした雑貨店。その独特なチョイスがロンドンでも注目を集め、近年では多くのメディアでも取り上げられるようになりました。「グローバルに考え、ローカルに生産する」という考えのもと、ロンドンで活躍する地元の作家による作品も積極的に展開。また、ヨーロッパ各国をまわり、他のお店では見つけられないような商品も買付け。P.50で紹介したTokyo Bike店内の一角でも、こうして桃子さんがセレクトした雑貨類が展開中です。

オーナーの桃子さんがひとりで切り盛り。

上／Brooklyn在住の陶芸家、Shino Takedaの食器類。　左／日本の民芸品の良さをイギリスに伝える。鉄器や現代作家による和食器も並ぶ。

上／オリジナルクラフトビール"No Logo"、一本3.35ポンド。　下／店内のピザ釜でこんがり焼きあげている。

ピザ

Franco Manca

フランコ・マンカ

チョリソーとモッツァレラチーズのピッツァ、6.95ポンド。

生地、チーズ、それにあうビール……
すべてに妥協しないピッツェリア

ロンドン市内に19店舗をかまえる、ピザとクラフトビールの有名店です。ゆっくりと長時間発酵させたクリスピー生地は、濃厚トマトソースを受け止める土台としては理想的。2008年のオープン当初から、ひとつひとつの素材に徹底的にこだわり、モッツァレラチーズは南イタリアの提携工場と協議を重ねて開発したオリジナルブランドのものを使用しています。また、「ピザにあうビール」として、濃口でアルコール度数も高いオリジナルビールブランド"No Logo"まで開発しました。ピザだけでなく、ビールも評判となり、ロンドン中で人気。また、ここのように休憩なしで営業するレストランは、多様なライフスタイルをもつロンドン市民にとって貴重な存在なのです。

infomation

🏠 52 Broadway Market, London E8 4QJ

🕐 12:00〜23:00　無休

http://www.francomanca.co.uk

Hackney Central

infomation

🏠 60 Broadway Market, London E8 4QJ
🕐 火〜土 8:00〜18:00
　　　　19:00〜23:30
　日月定休
http://www.hillandszrok.co.uk

デリ／レストラン

Hill & Szrok
ヒル＆スズロク

食べ歩きにもぴったりな肉のデリが、夜はレストランに変身

開店から18時までは肉屋として営業していますが、休憩を挟み19時からはレストランになる有名店です。この店舗に加えて2016年1月には、セントラルにもレストランをオープンしました。卸を通さず直接肉を仕入れているので、生肉だけでなく自社製造のソーセージやベーコンもお手頃価格で販売。そのため、平日の朝から地元のお母さんたちでにぎわっています。ブロードウェイ・マーケットが開催されている土曜日には、スコッチエッグやミートパイなど、お肉を使った軽食も販売しているので、食べ歩きにいかが？　レストランは予約を受け付けていないので、ピークタイムは満席必至。オープンの19時到着のタイミングを逃さないように。

昼間から粛々とディナーの準備が進められている。

上／スコッチエッグやミートパイなどは、ひとつ2ポンド程度。
右／手づくりのソーセージやベーコンは、新鮮でいかにもおいしそう！

カラフルで、日移りしてしまう。

雑貨
East London Design Store
イースト・ロンドン・デザイン・ストア

**ひとめぼれしたら持ち帰りたい、
1点ものローカルデザイン**

イースト・ロンドンで2店舗をかまえる雑貨店。広い店内には、実用的な家具から、おもしろ雑貨まで、生活を楽しく彩ってくれるものがぎっしりと並べられています。家族連れが多いことから、こども向けのおもちゃも多く販売しており、週末になれば店内にはちびっこもたくさんご来店。イースト・ロンドン在住の若手クリエイターや新興企業の商品も数多く展示・販売しており、ここでしか買えない完全一点ものの商品も。外国からの輸入雑貨を多く揃える雑貨店が多いロンドンの中では珍しく、地元イースト・ロンドンの作家や作品を扱っている、地元で活動するクリエイターたちにとっては貴重なお店です。プレゼントやちびっこへのおみやげ探しにもベスト。

日本では見かけないこども用グッズの数々!

infomation

🏠 6a Ada Street London E8 4QU

🕐 火〜土 10:00〜18:00
　　日 11:00〜17:00　月曜定休

http://eastlondondesignstore.com

Hackney Central

infomation

- 6 Ada St, London E8
- 火～土 10:00～19:00
  日 11:00～18:00
- http://www.isleofolive.co.uk

カフェ／ギリシャ食材

Isle of Olive
アイル・オブ・オリーヴ

良質なオリーブオイルと
たくさんのギリシャ食材を堪能

ギリシャ人夫婦のグレゴリスさんとパウリーナさんがオーナーを務める、ギリシャ食品専門店。近年ギリシャ産のオリーブオイルはその質の高さでヨーロッパ中から注目を集めています。種類はたくさんありますが、一部は「試飲」も可能。オリーブのマリネやハーブなど、その他もすべてギリシャ産です。カフェレストランとしても営業しており、料理はどれも軽やかでヘルシー。胃に重いというギリシャ料理のイメージを鮮やかに覆してくれるでしょう。特にサラダ類は、ドレッシングにオリーブオイルをたっぷりと使っているにもかかわらず、さっぱりした味わいに驚き。加熱調理では味わえないオリーブオイルの果実みを感じられます。前菜にぜひオーダーしてみて。

上／販売しているワインもすべてギリシャ産、1本14ポンド～。　下／カフェスペースで、オリーブオイルのおいしさを感じよう。

上／チーズパイとレンズ豆のサラダ、9.95ポンド。　左／オリーブの壺とオリーブオイルがずらり。

105

店内では飲みものも販売中。コーヒーやティーも評判、1ポンド〜。

上／人気のソーセージロールパン、2.5ポンド。　右／かわいい店員さんたち。

ベーカリー

Pavilion Bakery

パヴィリオン・ベーカリー

焼きたてパンが山のように積まれた、ちいさなベーカリー

イースト・ロンドンでもっとも大きな公園であるVictoria Park内の湖で営業する人気カフェ、Pavilionが営業するベーカリー。カフェで提供している焼きたてのパンを、はるかにお手頃な価格で販売しています。「カフェで評判のメニューを、地元の人に日常的に味わってほしい」という願いから、オーナーがこのお店をここにオープンしました。ふだんはイスやテーブルが店舗前に置いてありますが、ブロードウェイ・マーケットがある土曜日には片付けられます。それでも、マーケット沿いという土地柄も手伝ってか、我慢できずにお店の前でコーヒーを片手に焼きたてのパンを頬張る人もちらほら。地元っ子の真似をして、焼きたてをすぐいただきましょう。

おいしそうな、パンの山！

infomation

🏠 18 Broadway Market, London E8 4QJ

🕐 月〜金 7:00〜15:00
　土 7:30〜17:00
　日 8:00〜17:00

※パンが売り切れ次第営業終了
http://pavilion-cafe.com

Hackney Central

infomation

🏠 59 Broadway Market, London E8

🕐 9:00〜23:30　無休

http://elgansocafe.co.uk

スペイン料理

El Ganso Cafe
エル・ガンソ・カフェ

ハックニーに根付く、情熱のスパニッシュ

ブロードウェイ・マーケット沿いで、早朝から深夜まで休み無くオープンしているスペインバルです。イギリスではほとんどのレストランやショップがクローズするクリスマスでも通常通り営業しているので、観光客だけではなく、地元の住民からも大変重宝されている一軒。ヘッドシェフは、幼少期からスペイン料理に携わっており、メニューにはパエリアのような伝統料理から、タパスと呼ばれる一品料理のおつまみまで、本場スペイン顔負けの逸品がずらり。カフェ営業もしていて、ドリンクやスイーツだけの注文もOK。せっかくなので、スペインの伝統的な揚げ菓子チュロスをどうぞ。ワインにフルーツやシナモンを漬け込んだ、サングリアもオススメ。

赤ワインのサングリア、5.95ポンド。

上／タコのフリット、8.95ポンド。　右上／醤油を使ったマグロのカルパッチョ、7.5ポンド。

107

上／日本ではめったに選べないシードルも多くの種類が。　右／ドラフトビールはこうして瓶にパッキングしてくれる。

リカーショップ
Noble Fine Liquor
ノーブル・ファイン・リカー

ヨーロッパ中の珍しいお酒を楽しめるアルコールのセレクトショップ

2012年にオープンのアルコールのセレクトショップ。ビールやワインはもちろん、リンゴのお酒シードルやシャンパンまで、ロンドンで一般的に飲まれているお酒はほとんど揃っています。オーナーのジェイムスさんは、「人間の情熱が込められていないお酒は売りたくない」と語るほど、熱い男。ブランドにとらわれず、ヨーロッパ中から質の高いお酒を買い集め、破格の値段で販売しています。ドラフトビールは、希望した分だけ樽から直接注いでくれるので、新鮮な状態で持ち帰ることが可能。ホテルでゆっくり飲み比べてみて。ブロードウェイ・マーケットが開催される土曜日はとにかく混んでいるので、じっくり味わいながらお酒を選びたい人は、土曜日を避けましょう。

infomation

🏠 527 Broadway Market, London E8 4PH
🕐 火・日 12:00〜20:00
　水〜金 12:00〜21:00
　土 11:00〜21:00　月曜定休
http://www.noblefineliquor.co.uk

Hackney Central

`トルコ料理`
Solche Cilician
ソルチェ・キリキアン

トルコ料理で目を覚まそう！

トルコ南部、地中海に面したキリキアという地域の食事を提供しているカフェレストラン。朝食メニューが特に評判で、オリーブやチーズといった、地中海らしい組み合わせのキリキアン・ブレックファーストは、イングリッシュとはまたひと味違うおいしさ。また、キリキアではビールが有名で、地ビールが何種類もあるそうなので、一杯味わってみては。

infomation

- 1 Broadway Market, London E8 4PH
- 月〜木 11:00〜23:00　金 11:00〜23:00
  土・日 10:00〜23:30

https://www.facebook.com/solcherestaurant/

キリキア・ビールを味わってみよう。

キリキアン・ブレックファースト、6ポンド。

`靴`
Black Truffle
ブラック・トリュフ

足元からトータルコーディネート！
思わずスキップしてしまいそう

2003年にオープンした、シューズやサンダルを中心にストッキング・タイツやウェアまで揃うセレクトショップです。伝統的でベーシックなデザインの中に、遊び心あふれるカラフルな色使いの靴が多く、ソックスや柄タイツとのコーディネートも提案。また、シューズは、80ポンド〜と比較的リーズナブル。

infomation

- 4 Broadway Market, London E8 4QJ
- 火〜金 11:00〜18:00　土 10:00〜8:00
  日 12:00〜8:00

http://www.blacktruffleshoes.com

CREATORのメタリックシューズは95ポンド、他にもChie MiharaやCoclicoなどを格安で販売。

上／色×色の組み合わせを楽しもう！　左／タイツやストッキングも豊富。

こども用品

Buggies & Bikes
バギーズ&バイクス

インテリアとしても使える
キュートなこども用品店

ブロードウェイ・マーケット沿いの、街のおもちゃ屋さん。日本では珍しい木製玩具や絵本が多く、そのかわいさに、こどもがいなくてもついつい立ち止まってしまいます。地元のお客さんのリクエストに応え、オーガニック素材のオイルやベビーパウダーも販売。また、少々ながらこども服も。

infomation

- 23 Broadway Market, Hackney, London E8 4PH
- 月～金 10:00～19:30　土 10:00～18:00
  日 11:00～17:00
- http://www.buggiesandbikes.net

狭いながらも品揃え豊富。ぬいぐるみもキュート！

内部はリノベーションされている。

カフェ／コメディー

Hackney Empire
ハックニー・エンパイア

歴史あるランドマークで、
イギリスのシニカル・ユーモアを楽しむ

ハックニー区役所の隣に位置する劇場です。1901年に音楽ホールとして建設されましたが、近年では、ロンドンの娯楽のひとつ、スタンダップコメディーの聖地としても知られています。併設のカフェバーSTAGE 3も地元住民に人気で、長時間営業しているので、散策中のちょっとした休憩にも。

infomation

- 291 Mare St, London E8 1EJ
- （カフェバー営業時間）　月～水 8:00～17:00
  木 8:00～25:00　金 8:00～26:00
  土 17:00～26:00　日曜定休
- http://www.hackneyempire.co.uk

100年の伝統あるれんが造り。建物を見るだけでも。

Hackney Central

アクセサリー

William Cheshire Bespoke Jewellery Store
ウィリアム・チェシャー・ベスポーク・ジュエリー・ストア

**個性的なデザインに目がくぎづけ。
手づくりジュエリーショップ**

アクセサリーデザイナー、ウィリアム・チェシャーさんの工房を兼ねたジュエリーショップです。2002年のブランド立ち上げ以降、伝統的なヨーロッパのスタイルを踏襲しつつも、カラフルなトルマリンやサファイアをだいたんに使用したユニークな色使いのものを中心に、国内外から高い評価を得て、これまでに数多くのデザイン賞を受賞してきました。地下の工房では、リクエストがあれば自身が講師となってワークショップも行なっており、ウィリアムさんの手ほどきを受けたくて、海外からわざわざ足を運ぶ人もいるのだとか。100ポンド未満のものから販売しており、決して敷居の高いショップではありません。サイズについても気軽に相談してみましょう。

infomation

🏠 14 Broadway Market, London E8 4QJ

🕐 水〜金 11:00〜18:30
　土 10:00〜18:30
　日 11:00〜17:00

http://www.williamcheshire.com

イニシャルをかたどったチャーム。残念ながら非売品。

ころんとしたキューブ型の建物。いつか貸し切りパーティーをしてみたい。

ガストロ・パブ

Pub On The Park
パブ・オン・ザ・パーク

公園でくつろぐ人々と木々を眺めながら、とっておきのリラックスタイム

ハックニー区の公園、London Fieldsの敷地内にあるちょっとおしゃれなパブです。公園の中にパブがあるなんて、いかにもイギリスですが、内部はレトロ家電や照明を配したクールなつくりで、地元の若者御用達。一軒まるごと、各種パーティーや結婚式の会場として使用されることもあるそう。週末には、フットボール観戦目当ての近隣住民で混み合いますが、特に日曜日は名物のサンデーロースト目当てに遠方からもお客さんがやってきます。サンデーローストを食べたければ、HPから予約をしておくのがオススメ。肉だけでなく、野菜の量や種類も豊富なので、女の子でも胃もたれせずにおいしく完食できるでしょう。

ラム肉のサンデーロースト、15ポンド。

infomation

🏠 19 Martello St,
London E8 3PE

🕐 日〜木 11:30〜24:00
　金・土 11:30〜25:00

http://pubonthepark.com

Hackney Central

カフェ
The Corner London
コーナー・ロンドン

産地直送アップルジュースは
フレッシュなおいしさ

ブロードウェイ・マーケットの外れ、文字通り、角っこで営業している小さなカフェです。イギリス南部の農村地帯、ケントでつくられているジュースブランド、Duskinのアップルジュースを毎日産地から直接入荷。毎朝、通勤通学の途中で、エネルギーを補給していく地元の常連さんも多いそう。テイクアウトも可能。

上／クロワッサンやサンドウィッチなど、テイクアウトも可能。　右／フルーツジュースは2.9ポンド。

infomation
- 121-123, Mare St, London E8 4RW
- 月〜金 7:30〜18:00　土・日 8:30〜18:00

イングリッシュ・ブレックファースト、4.95ポンド。

カフェ
Bungalows Cafe
バンガローズ・カフェ

早朝営業、リーズナブル
ハックニーの暮らしを支える食堂

朝6時から営業し、そのリーズナブルな料金から、地元住民に重宝されているカフェ。深夜労働を終えた人や、早朝出勤の人が集まり、早朝のオープンからにぎわっています。夜遊び明けにいかが？一番人気は、やはり定番の「フル・イングリッシュ」。サイドメニューをいろいろトッピングして、自分だけの味を楽しみましょう。

メニューの豊富さ！

infomation
- 80 Mare St, London E8 3SG
- 月〜土 6:00〜17:00　日曜定休

Column3

イギリスで使われているいろいろな紙幣

イギリスの通貨はポンドで統一されていますが、実は、紙幣は統一されていません。というのも、イギリスという国はイングランド以外にスコットランド、北アイルランド、ジャージー島、マン島など、さまざまな地域を含めた集合体であり、スコットランド、北アイルランドなどでは独自の「紙幣」が流通しているからです。扱いはすべてポンドですが、デザインはまったく異なり、北アイルランド紙幣にいたっては一部にプラスチックが用いられていて、一目でほかの紙幣との違いがわかります。覚えておきたいのは、これらの紙幣は日本に持ち帰っても日本円に戻すことができない上に、ロンドン市があるイングランドの中では使用できるお店が少ないということです。過去に、このデザインの違いを利用して偽札事件が起きたのが理由といわれていますが、マーケットやフードコートが多く、現金決済の機会が多いイースト・ロンドンでは、ごくまれにこういった特殊なポンドがお釣りとして渡されることがあるかもしれません。「イングランドのポンドでください」と言えば対応してくれますし、イギリス国内の銀行なら交換してもらえますので落ち着いて対応しましょう。イギリス人にとっては迷惑かもしれませんが、日本人からしたら珍しいもの。記念にとっておくのもいいかもしれません。

Bethnal Green

ベスナル・グリーン

昔は、ロンドンの中でも治安が悪いスラム街として有名でした。しかし、イースト・ロンドンには珍しく地下鉄が通っていることから、20世紀初頭にはこの近辺からセントラルのオフィス街へ出勤する人も多くなり、家族連れが多く移住し、ベスナル・グリーンはイーストのベッドタウンとなりました。時代が進むにつれ、住民のためのレジャー施設もつくられるようになり、現在ではそれらを目当てにイーストの外からもロンドンっ子が遊びに来る、アミューズメントエリアにもなっています。また、ファー・イーストと呼ばれる、イースト・ロンドンよりさらに東部のエリアとのつなぎ目に位置していることから、ファー・イースト在住のクリエイターたちが集うエリアでもあります。

Bethnal Greenエリアへの行き方
地下鉄Bethnal Green（ベスナル・グリーン）駅下車してすぐ。オーバーグラウンドBethnal Green駅、Cambridge Heath（ケンブリッジ・ヒース）駅も使用可能。

天上の高さを活かした、開放的なスイート。

ホテル / レストラン

Town Hall Hotel & Apartments

タウン・ホール・ホテル・アンド・アパートメント

1910年建設の役所をリノベーション、伝統を感じられる高級デザイナーズホテル

2010年に、それまで区役所として使われていた建物をだいたんにリノベーションしてオープンした、高級デザイナーズホテルです。建物自体は1910年に建設されたエドワード朝様式の趣深いつくりですが、部屋の中は色鮮やかなモダンインテリアで彩られ、このホテルが建てられてから100年以上の時が経っていることも忘れてしまいます。併設のレストラン「Typing Room」は、旬の食材を揃えたヨーロッパ料理店として有名で、かつてはミシュラン1つ星を獲得したことがあるほど。宿泊者でなくとも予約できますので、レストランだけでも行ってみる価値があるでしょう。スタッフのホスピタリティも評判で、毎日部屋に届けられるトリュフチョコレートからも、このホテルの温かみを感じられます。

上／区役所時代、実際に使用されていた法廷も当時のまま残されている。　下／温かみのあるモダンファニチャーが並ぶ室内。

infomation

🏠 Patriot Square, London E2 9NF
💰 一泊138ポンド〜
http://townhallhotel.com

Bethnal Green

レストランTyping Room。日替わりランチコースは1人24ポンド〜、ディナーコースは1人60ポンド〜。

石造りで歴史あるたたずまいのエントランス。

上／歴史が刻まれたドアとモダンな工業用ライトのギャップがおもしろいバー。左／フレッシュな花が飾られたロビー。柱、床、時計は当時のもの。

園内ではさまざまな農作物が栽培されている。

お散歩
Hackney City Farm
ハックニー・シティ・ファーム

都市生活に寄り添う牧場。採れたて材料のカフェも

高層マンションの開発が目立つハックニー・ロード沿いで、一見不釣り合いにみえるほど木々が生い茂った場所に、「Hackney City Farm」とかわいらしい看板がかかっています。この牧場は、「都会に住む子どもたちにも日常的に自然と触れ合う機会をつくってあげたい」という有志の働きで、1984年に設立されました。入場無料で、いつでも羊やロバに触れられ、農作物収穫の体験もできます。併設されているカフェでは、牧場で採れたばかりの野菜や卵を使ったフードを提供しており、それ目当てに訪れる観光客の姿もチラホラ。2008年には近隣住民の希望にこたえ、自転車修理のサービスもオープン。時代の歩みと共に少しずつかたちを変えながら、ベスナル・グリーンでの生活に寄り添い続けています。

上／採れたての新鮮な材料を使用したカフェでブレイク。地元の親子連れも多い。　下／アヒルやロバや羊が放牧され、動物たちと触れ合える。

infomation

1a Goldsmiths Row, London E2 8QA
10:00〜16:30　月曜定休
http://hackneycityfarm.co.uk

Bethnal Green

infomation

29-32 The Oval, London E2 9DT
http://www.ovalspace.co.uk

若い世代のクリエイターたちも頻繁に訪れる。

アートスポット

Oval Space

オーヴァル・スペース

最先端のポップカルチャーを先取りできる、多目的イベントスペース

イースト・ロンドンの中でも、屈指の広さと自由度を誇る、多目的イベントスペースです。ふだんは何もないただの空っぽな空間で、音楽系のイベントで用いられることで有名ですが、他にもファッションショーやグルメイベントなども頻繁に開催されています。464平米以上に及ぶ広大な敷地に加え、広い空を眺められるテラスは騒音問題に敏感なロンドン全体の中でも貴重で、多くのアーティストやイベントオーガナイザーからの指名が相次ぎ、会場の使用は常に順番待ちとのこと。最先端のロンドン・ポップカルチャーを体験できる、絶好のチャンス。ほとんどのイベントは一般向けにも開放されているので、オフィシャルサイトでイベントスケジュールを欠かさずチェックしておきましょう。

上／ナイトクラブとして営業する際は、バースペースも設置。　下／ドイツ出身の人気DJ、ZIPのイベントにて。照明など装飾もイベントのたびに変わる。

日本製ゲーム機の展示も。

上／天井が高く、広いエントランスフロア。　右／世界各国のおもちゃコレクションは眺めるだけでも楽しい。

> ミュージアム

V&M Museum of Childhood
ヴィクトリア・アンド・アルバートこども博物館

こどもと一緒に「こども」に戻る、世界の玩具を集めたおもちゃ箱

大英博物館と並ぶロンドン屈指の名門ミュージアム、「ヴィクトリア・アンド・アルバート博物館」の別館として、1974年にオープンしたおもちゃ専門博物館です。二階建ての建物の中で、古今東西から集められた2000点以上のおもちゃたちが待ち構えています。コレクションは現在も増え続けており、常設展とは別に、毎月さまざまな企画展を開催。週末にはおもちゃ製作のワークショップを開くこともあり、何度も訪れるリピーターが多い博物館でもあります。こどもたちよりも親の方が童心に返り、はしゃいでいる光景もよく見かけます。売店では、ここでしか手に入らない、イギリス製おもちゃやこども用品が販売されているので、おみやげ探しにも最適な博物館かもしれません。

ミュージアムショップも充実。おみやげをここで購入するのもいいかも。

infomation

- Cambridge Heath Rd, London E2 9PA
- 10:00〜17:45　無休

http://www.vam.ac.uk/moc/

Bethnal Green

infomation

🏠 259 Hackney Rd, London E2 8NA
🕐 火～金 11:00～18:00
土・日 11:00～17:00
月曜定休
http://bobayard.co.uk

カフェ

Boba Yard
ボバ・ヤード

卓球も楽しめる、タピオカティー専門店

日本でもすっかり定着した感のある、台湾発祥の飲料タピオカティー。ここロンドンでは、「バブルティー」という名前で親しまれています。2014年にオープンしたばかりのこのタピオカティー専門店では、素材にこだわり、毎日新鮮なミルクやフルーツを入荷。テイクアウトもできますが、店内にはお客さんが無料で使用可能のタブレットも用意されているため、ついついネットサーフィンをしながら店内で過ごしてしまいます。地下にはオーナーの趣味である卓球台が設置されており、時にはお客さんとのピンポンパーティーが開かれることも。また、パーティースペースとしても貸し出されており、開店間もないにも関わらず、ベスナル・グリーンの社交場として重宝されています。

タピオカティーの「お茶うけ」に、ポップコーンやウエハースも販売。

フルーツティー、ミルクティーともに3.5ポンド。

メニューはたくさん！まずは定番のオリジナルミルクティーを。

新鮮なプチトマトやマッシュルーム。フル・イングリッシュは5.4ポンド。

カフェ
Cafe 338
カフェ 338

誰もが認める正統派
イングリッシュ・ブレックファースト

イギリスの朝食といえば、誰もが真っ先に思い浮かべるのが「フル・イングリッシュ」。イギリス独自の大盛り朝食プレートです。カリカリに焼けたベーコンやソーセージを中心に、その組み合わせは多岐にわたり、イギリスに住んでいる人ならば誰でも強いこだわりをもっています。そんな中、イースト・ロンドンで絶大な支持を得ているのが、この店のフル・イングリッシュ。他のレストランがついつい適当にしてしまう野菜やフルーツを充実させ、缶詰ではなくしっかりとフライパンでグリルしたマッシュルームやトマト、それに搾りたての生オレンジジュースが好評を得て、朝から行列の絶えない人気店となりました。予約不可ですが、列の進みは早いので、ひるまずに並んでみましょう。

上／フレッシュなオレンジジュースは他では飲めないおいしさ。　下／いつもにぎやかながらも、アットホームでくつろげる雰囲気の店内。

infomation

- 338 Bethnal Green Rd, London, E2 0AG
- 月〜土 6:00〜17:15
  日 6:00〜16:15
- http://hackneycityfarm.co.uk

Bethnal Green

イタリアン

E Pellicci
イー・ベリッチ

ロンドンでは珍しい、二階建てのかわいい造りの建物。

創業100年、街の移り変わりを見守り続けたマンマの味

現オーナーの祖父母が、イタリア・トスカーナ州からロンドンに移住してお店をオープンしたのが1900年のこと。以来、実に100年以上も同じ場所で営業している、ベスナル・グリーンの伝説的なイタリア料理店です。ラザニアやティラミスなど、イタリア家庭料理がどれも大盛りで提供されるので、お腹を空っぽにしてから向かいましょう。

ラザニアは7.6ポンド。ティラミスは3ポンド、カフェラッテは1.8ポンド。

infomation

- 332 Bethnal Green Rd, London E2 0AG
- 月〜土 7:00〜16:00

自家製カップケーキは2ポンド、カフェラッテは1.8ポンド。

カフェ

Caffe In
カッフェ・イン

1杯のコーヒーからはじまる、ロンドンの朝

歴史を感じるアンティーク家具に彩られた、落ち着いた雰囲気が漂うトラディショナルなスタイルのコーヒーショップ。ドリンクも本格的で、コーヒーを一口飲めば豆の苦味とコクがふわりと口の中に広がります。テイクアウトもできるので、コーヒーと一緒にロンドンの朝をはじめましょう。サンドウィッチやカップケーキも評判です。

上／昔のイギリスの家のリビングルームって、こんな感じなのかも。　左／コーヒーはケニアのブランド、Colemanの豆を使用。

infomation

- 334 Hackney Rd, London E2 7AX
- 火〜金 8:00〜17:30　土 9:30〜17:30
  日 9:30〜17:00

ポストカード、クッションなどの雑貨も充実。

上／色とりどりのリメイクワンピースに目移りしてしまう。75ポンド〜。　右／洋服だけじゃなく、アクセサリー、雑貨が所狭しと並べられた店内。

ファッション／雑貨

Wall & Jones
ウォール＆ジョーンズ

古布に新たな生命を与える、ファッションの魔法

本来ならば捨てられるはずのヴィンテージ・ファブリックが、モダンなドレスとして現代によみがえる。そんな夢みたいなストーリーを実現し続けているブティックです。古着や古布からインスパイアされた部分を切り取り、工房も兼ねているお店でオーナーがデザイン、縫製までして販売しています。お店自体は、まるでおとぎ話から飛び出してきたかのような世界観ですが、ドレスもスカートも、服のひとつひとつはふだん使いもできるよう2010年代のロンドンの空気にあわせてデザインされているので、意外にカジュアルな仕上がり。オーナーに時間の余裕があればオーダーメイドも請け負ってくれる場合もあるので、長期滞在予定なら自分だけの特別な一着をオーダーしてみては？

アクセサリーは、オーナーがオリジナルのドレスにあうものをセレクト。

infomation

🏠 340 Hackney Rd, London E2 7AX
🕐 水 13:30〜18:00
　木〜日 11:00〜18:00
　月・火定休
http://www.wallandjones.com

Bethnal Green

infomation

260 Hackney Rd,
London E2 7SJ
金〜日 10:00〜17:00
http://barnthespoon.com

木工雑貨

Barn The Spoon
バーン・ザ・スプーン

木のぬくもりを感じる、世界にひとつだけのスプーン

2012年にオープンした、木製スプーン専門店です。オーナー兼スプーンデザイナーであるバーンさんの工房も兼ねており、営業日以外にも巨大な身体を揺らしながら、黙々と作業に没頭するバーンさんの姿を見かけることがあります。店内に誰かいれば開けてくれますので、躊躇わずにドアをノックしてみましょう。オガクズにまみれた店内の中では、バーンさんがひとつひとつ丹念に削り上げたスプーンたちが展示販売されています。事前予約が必要ですが、バーンさん自らが講師となるワークショップも定期的に開催。時間を忘れて世界にひとつしかないスプーンを生み出す作業は、この世で最もぜいたくな時間かもしれません。予約はHPから。

上／バーンさんは親日家で、日本の新聞やテレビの取材を受けたことも。　下／木の削りかすだらけのバーンさん。

木の色やかたち、バーンさんの削り方によって表情が違うスプーンたち。35ポンド〜。

左／外の黒板にメニューが書かれている。美しいエメラルドグリーンの外観が目印。　右／ジョージアの伝統料理、小籠包のようなヒンカリ、9ポンド。

ジョージア料理

Little Georgia Cafe
リトル・ジョージア・カフェ

ジョージアの歴史的写真がたくさん飾られている。

ジョージアの家庭料理ってどんな味?

2015年4月に、「グルジア」から「ジョージア」へ呼称が変更されたことも話題になった、東欧の小国ジョージア。このカフェでは、そんなジョージアの伝統的な家庭料理を味わうことができます。旧ソ連国ながら、歴史的にユーラシア大陸貿易の中継地点でもあったジョージアの料理は、ヨーロッパ風でありながらアジアや中東の料理にも通じる香辛料やスパイスが用いられ、多国籍なレストランが多いロンドンの中でも、その独自性が際立っています。ハチャプリと呼ばれるチーズ入りのパンや、ヒンカリと呼ばれる肉まんのような肉料理まで、そのバリエーションは実に多彩。まずは味覚から、ジョージアを感じてください。

さりげないおしゃれを感じるセンスのいいインテリア。

infomation

🏠 1a Goldsmiths Row,
　London E2 8QA
🕐 10:00〜16:30　月曜定休
　http://hackneycityfarm.co.uk

Bethnal Green

韓国料理／ヘアサロン
Hurwundeki
ホウンデキ

高架下に息づく韓国系移民の底力

ロンドンには韓国系移民も多く、韓国料理や、手先が器用な韓国人美容師も市内では好評を得ています。高架下のこのお店は、そんな韓国コミュニティの力が存分に発揮された、美容院兼韓国料理レストランという、一風変わった店構え。それでも提供されるものは一切手抜きなしの本格韓国料理なので、脂っこい西洋料理に疲れたら、慣れ親しんだアジアの味で一休みもいいのでは？

石焼きビビンバ、7.9ポンド。

食事をしながら美容院スペースを見渡せる。

infomation
🏠 298-299 Cambridge Heath Rd, London E2 9HA
🕐 月〜土 8:00〜22:00　日曜定休
http://hurwundeki.com

スパ
York Hall
ヨーク・ホール

ホール外観には行政区の名称である、「Tower Hamlets」の名前が。

公営イベントホールは、イースト・ロンドンの隠れ癒しスポット

一般的にヨーク・ホールといえば、プロボクシングの興行やオーケストラの演奏などが連日行なわれるイベントホールとして有名な会場ですが、デイ・スパを楽しめる隠れ癒しスポットとして重宝されています。値段は時間によって違い、25分50ポンドから。サウナや温水プールだけでなく、オプションでマッサージも追加できます。

infomation
🏠 5 Old Ford Rd, London E2 9PJ
🕐 月〜金 7:00〜21:30　土 8:00〜20:30　日 8:00〜19:30
http://www.better.org.uk/leisure/york-hall-leisure-centre

マフィンやクッキー、ブレッド類も充実。テイクアウトも。

カプチーノは2ポンド、サラダボウルは6ポンド。

上／晴れた日にはテラス席も人気。
下／地元の若くておしゃれなクリエイターがたくさん。店内には彼らの作品も展示されている。

ヴィーガンカフェ／レストラン

The Gallery Cafe

ギャラリー・カフェ

おいしく楽しい、ヴィーガン生活

動物性食品を一切摂取しない、「ヴィーガン」というライフスタイル。日本ではまだまだ馴染みが薄いですが、ヴィーガン発祥の地であるここイギリスでは一般に広く浸透しており、ロンドン市内ではヴィーガンレストランも数多く営業しています。なかでもこのお店は、わざわざ遠方からヴィーガン料理を勉強しにやってくる人がいるほどの有名店。世界中の調理法や食材を研究し、ヴィーガンの概念を覆す、おいしくヴァリエーションに富んだオリジナルメニューの数々が展開されています。ヴィーガンだって、ピザも食べるしお酒も飲む。ヴィーガンって決してストイックではない、カジュアルで楽しいものなんだと気づかせてくれる一軒です。

infomation

🏠 St. Margarets House Settlement, 21 Old Ford Rd, London E2 9PL
🕐 月～金 8:00～21:00
　土・日 9:00～21:00
http://www.stmargaretshouse.org.uk/thegallerycafe/

Bethnal Green

パブ
The Albion In Goldsmith's Row
アルビオン・イン・ゴールドスミズ・ロウ

英国パブ伝統のクイズ大会にチャレンジ！

クイズ大会はイギリスパブの伝統文化のひとつ。参加者はひとり1ポンドを支払い、パブの司会者が読み上げるクイズに対し、手元の解答用紙に答えを書き込んでいきます。現代においても、スマートフォンで答えを調べてしまうこともなく、友人や家族と額を突き合わせて考え込む姿をみればパブでのクイズがいかにイギリスの娯楽文化のひとつとして深く根付いているかがわかるでしょう。外国人の多いロンドンではすっかり見かけなくなってしまいましたが、このパブでは今も毎週木曜日夜にクイズ大会を開催しています。問題は一般教養や世界史など、イギリス人でなくとも解けるものが多いので、ビール片手に思い切って、イギリスの伝統的なクイズカルチャーに飛び込んでみては？

infomation

🏠 94 Goldsmiths Row, London E2 8QY
🕐 月〜木 17:00〜24:00
　 土・日 12:00〜23:00
　 金曜定休

店内には、かつてウエストブロムウィッチに在籍した、元サッカー日本代表稲本選手の写真も。

「毎週木曜日はクイズ大会の日！」

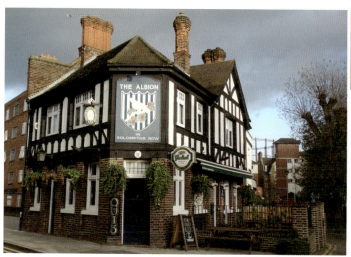

上／週末にはサッカーや競馬中継を見守るお客さんでにぎわっている。　左／イギリスのパブらしい外観。IPAの看板がかわいい。

左／古い額縁やシャンデリアと80年代のマックは意外な組み合わせ。上／看板メニューの、オールド・ファッション・フィロソファー。9.5ポンド。

バー

The MacSmiths /
The Natural Philosopher

マックスミス／ナチュラル・フィロソファー

レトロコンピューターを眺めながら、香しいカクテルを

賃料が高いロンドンでは、節約のために、同じ場所でも、昼と夜で違う店になることは珍しくありません。その中でも昼はマッキントッシュ修理店、夜はカクテルバーというこのお店は一際目を引きます。店内に展示されている80年代製のマッキントッシュたちは、どれもオーナーであるポール・デイヴィスさんの私物。アップル社でももはや修理を受け付けていないマッキントッシュを、24時間以内に動作可能にしてくれることから、ロンドンだけでなく世界中に顧客を抱えているそうです。夜になれば、それらレトロコンピューターは、バーを彩るインテリアに変身。スパイスのきいたカクテルを飲みながら店内を眺めていると、逆に遠い未来に迷い込んだかのような不思議な錯覚に陥ります。

上／今はもう動かない、レトロなスロットマシーン。　下／バー営業。仕事帰りのヒップなお客さんで満席！

infomation

🏠 489 Hackney Rd、
London E2 9ED

The MacSmiths
🕐 月〜金 9:30〜17:30
土・日定休
http://www.macsmith.co

The Natural Philosopher
🕐 火〜木・日　18:00〜23:00
金・土 18:00〜1:00　月曜定休
http://www.thenatural-philosopher.com

Bethnal Green

infomation

🏠 251 Paradise Row, London E2 9LE
🕐 月 16:00〜23:00
　火〜木・日 12:00〜23:00
　金・土 12:00〜24:00
http://motherkellys.co.uk

パブ／ビアバー

Mother Kelly's
マザー・ケリーズ

400種類以上のビールが味わえる、ニューヨークスタイルのパブ

ビールには目がないイギリス人たちを、開店間もなくたちまち虜にした、ニューヨークスタイルのパブです。イギリス国内だけでなく、欧州各地やアメリカ、さらには日本からも輸入したビールの銘柄は実に400種類以上を誇り、これらはテイクアウトも可能。その上、イギリス国内の有名地ビールから厳選された23の銘柄の樽を、毎日サーバーに新鮮な状態で入れ替えています。その日提供している生ビールは毎日変わりますが、HPでも随時更新していますし、バーテンダーたち全員がアルコールの度数や泡の状態まで、自分たちのビールの状態を完璧に把握しているので、希望の味を教えてオーダーしてもいいでしょう。きっと、最高のビールに巡りあえるはずです。

上／生ビールはメニューも値段も毎日変わります、店頭でチェックを。下／毎日種類が変わる樽生地ビールは、迷ってしまうほど。

上／この品揃えは圧巻。気になる瓶を選んだら、カウンターへ。左／カウンターでも大テーブルでも楽しめる広い店内。

Column4

サンデーローストと イングリッシュ・ブレックファースト

　イギリスを代表する伝統料理であるサンデーローストとイングリッシュ・ブレックファースト、実はこのふたつはとても密接な関係にあります。もともと、イギリスでは、日曜日に牛を丸ごと一頭買って調理し、家族や労働者に振舞っていたことがサンデーローストの起源でした。そして、月曜日から土曜日まではその牛肉の余った部位を食べるため、劣化した肉をカリカリに焼いて塩を振り、味を誤魔化していたのです。イングリッシュ・ブレックファーストのベーコンやソーセージが、カリカリのクリスピー状に焼きあがっているのは、こうした歴史的背景があるからだと考えられています。保存方法が発達した現在では、サンデーローストは、当然、毎日だってつくれます。しかし、それでも頑なに日曜日にしかサンデーローストを提供しないイギリスのパブを見ているとイギリス人の頑固さを実感しますが、そうしたこだわりがこの国をかたちづくっているのかもしれません。イースト・ロンドンに住む外国人や移民たちも、サンデーローストとイングリッシュ・ブレックファーストだけは、まるでイギリス人かのように、常日頃から口にしています。本書で紹介しているお店はどこもおすすめなので、「イギリス料理はまずい」という偏見にとらわれず伝統料理にトライしてみましょう。

サンデーロースト。

Stoke Newington

ストーク・ニューイントン

イースト・ロンドンの北端、ノース・ロンドンとの境目にあり、高級住宅地キャノンベリーにも隣接。ここ最近で、注目のショップが一気に増え、おしゃれな街として急速に認知されはじめています。昔は、ヨーロッパ最大のユダヤ教コミュニティ地区として知られていました。しかし、2000年代後半からは、ショーディッチなどイースト・ロンドンの地域に巨大資本が入り、次第に観光地化していくに従って、多くの地元住民がこのエリアに引っ越してきました。現在、Stoke Newingtonに住む住人は、愛着と誇りをもって街をStokeyという愛称で呼び、独自のローカルカルチャーが毎日のように生まれている、今目が離せないエリアです。

Stoke Newingtonエリアへの行き方
オーバーグラウンドStoke Newington（ストーク・ニューイントン）駅からストーク・ニューイントン・ハイストリートをダルストン方面へ徒歩4分。

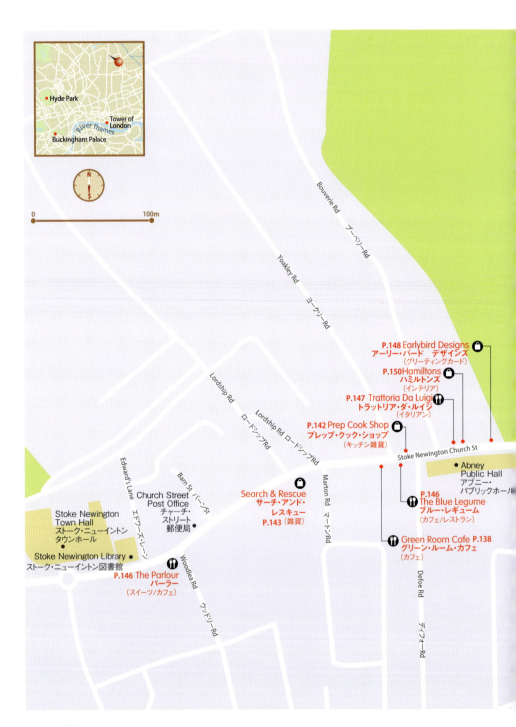

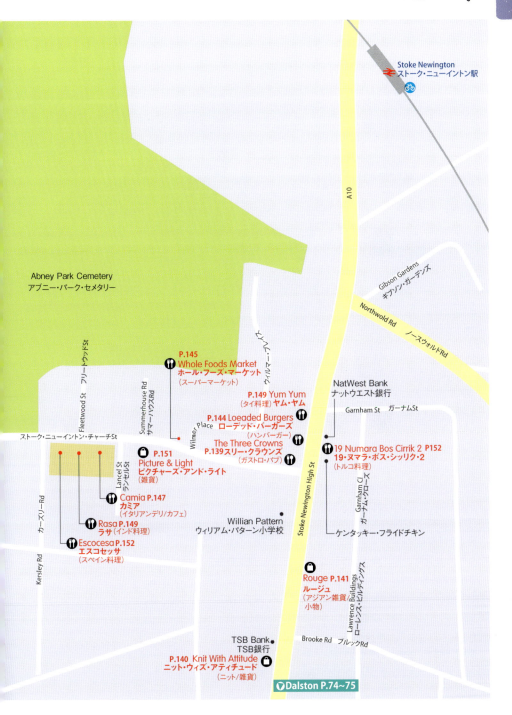

ベビーカーでの赤ちゃん連れも安心。ママの憩いの場。

カフェ

Green Room Cafe
グリーン・ルーム・カフェ

花と紅茶を楽しめる
アットホームなカフェ

家族経営のフラワーショップ、"Flowers N16"に併設された、緑を楽しめるオーガニックカフェです。家族連れやペットの愛好家が多いストーク・ニューイントンらしく、赤ちゃんもペットも入店OK。店内はいつもこどもたちの笑い声が響き、穏やかでハッピーなムードに包まれています。近所の子どもの誕生日会など、パーティーでカフェを貸切にすることも多いのだとか。また、花屋らしく、テーブルごとに違う種類のフレッシュな生花が飾られており、鮮やかな色や花の香りを楽しめます。好きなお花の席に座ってみては。ケーキや食事のメニューは週ごとに変わるので、来店の際には、まずはカウンターでメニューのチェックを。

下／アールグレイティーは2ポンド、キャロットケーキは4ポンド。チューリップと新鮮なトウガラシを一緒に活けるアイデアに脱帽！

infomation

📍 113 Stoke Newington Church St, London N16 0UD
🕐 月〜木 9:00〜18:00
　　金〜日 9:00〜20:00
http://www.flowersn16.co.uk

Stoke Newington

infomation

🏠 175 Stoke Newington High St, London N16 0LH

🕐 月～水 16:00～23:00
　木 16:00～24:00
　金 16:00～26:00
　土 12:00～26:00
　日 12:00～23:00

http://threecrownsn16.com

ガストロ・パブ

The Three Crowns
スリー・クラウンズ

日替わり英国風パブごはんの有名店

50種類以上のビールを扱う有名パブ。街の中心地の交差点に位置することから、このエリアの社交場としても重宝されています。パブに併設されているレストランでは、パイやフィッシュアンドチップスなどの英国伝統パブごはんが日替わりで楽しめますが、一番のおすすめはスコッチエッグ。本来であれば固ゆでした卵を牛肉で包んで揚げるところを、このお店では、半熟卵で提供しています。半熟の黄身が肉や衣に染み込み、ほかでは味わえないおいしさで、イギリス国内の料理賞を複数受賞したこともあるのだそう。レストランは週末には満席なので、なるべくHPから予約しておきましょう。

夜には塔がライトアップ！

上／クラシカルでかわいい外観。3つの王冠が目印。外観と違って、モダンな店内。　右／看板メニューのスコッチエッグは常時注文可能、1人前4.5ポンド。ビールは1パイント4.5ポンド～。

毛糸はトルコ産のブランド、Wool and the Gangものを販売。1つ11ポンド～。

小物／雑貨

Knit with Attitude

ニット・ウィズ・アティチュード

あったか手編みニットのある生活

ノルウェー出身のメイさんが、2010年にオープンしたフレッシュでスタイリッシュな手編みニット専門店です。店内では、編みもの用の毛糸や棒針、編み方の本を販売。メイさんが講師となって定期的に開催している編みもののワークショップでは、帽子やマフラー、ぬいぐるみまで、ニットで作れるものならあらゆるリクエストに応えて手取り足取り教えてくれます。値段は内容や時間によって異なりますが、編みものの基礎を教えてくれるビギナークラスは、3時間で40ポンド～。どうしてもわからないところがあったら、1時間20ポンドでマンツーマンレッスンも行なってくれるそう。レッスンは地元住民を中心に、アットホームな雰囲気で行なわれます。HPで日程を確認後、予約してください。

毛糸柄のエコバッグもキュート。

infomation

127 Stoke Newington High St, London N16 0PH
月～土 10:00～18:00
日 12:00～18:00
http://knitwithattitude.com

Stoke Newington

infomation

158 Stoke Newington High St, London N16 7JL
火〜土 10:30〜18:30
日 12:00〜17:00
月曜定休
http://rouge-shop.co.uk

雑貨／小物

Rouge
ルージュ

セレクトセンスあふれるアジアン雑貨店

北京出身の元ファッションデザイナー、レイ・ヤンさんが、2005年にオープンしたアジアン雑貨店です。レイさんのルーツでもある中国北部やモンゴルのヴィンテージ家具を中心に、日本、タイ、ベトナムからも商品を仕入れています。商品はなるべくレイさんが直接買い付けて、安価での販売を可能にしてきました。数ある商品の中でも、ひとつ10ポンド前後で販売している食器は、近年のアジア食ブームも手伝ってか、種類によっては完売するほどの人気商品となっています。地下には、レイさんが長年かけて集めた年代物のアジアンアンティーク家具がずらり。書道や切り絵など、アジアの文化に関するワークショップを開催することもあり、商品だけでなく文化の輸入も行なっています。

上／シノワな小物たち。下／アンティークの家具は見ているだけでも楽しい。

左／着物風の羽織ものや帯、山岳民族のスカートも。　右／アジアン食器はどれも10ポンド前後とリーズナブル。

キッチングッズならなんでも揃う。

雑貨

Prep Cook Shop
プレップ・クック・ショップ

親子でクッキングを楽しもう！
こども用も揃うキッチン雑貨店

2015年初頭にオープンした、キッチン雑貨店。オーナーのホリーさんは、この近くで暮らしながら子育てをする二児の母。こどもをもつママたちのニーズに応えるため、こども向けのランチボックスや食器も販売し、地元住民から好評を得ています。どの商品も大型ショップでは扱っていないユニークなキッチン雑貨ばかりですが、フードものだけでなく、デザート用のキッチン道具を取り揃えていることも評判の理由でしょう。親子でデザート作りが楽しめるよう、こども用のデザート調理キットや、かわいい動物のクッキー型を売っているところにも、ホリーさんの「親子でクッキングを楽しんでほしい」という想いが込められているようです。

こども用キッチン雑貨の数々。

infomation

🏠 106 Stoke Newington Church Street
🕐 火〜土 9:30〜17:30
　日 11:00〜16:00　月曜定休
http://www.prepcookshop.co.uk

Stoke Newington

infomation

🏠 129 Stoke Newington Church St, London N16 0UH
🕐 月〜土 10:30〜18:30
　 日 11:00〜18:00
http://searchandrescuelondon.co.uk

雑貨

Search & Rescue
サーチ・アンド・レスキュー

たくさんの雑貨からお気に入りを見つけて

雑貨店が多いこのエリアの中で、最大の品揃えを誇るインテリア雑貨店。その広さは、通常の雑貨店の2倍以上はあります。置いているものも、クッションやオーガニックコスメのように実用的なものもあれば、生活には一切役に立たないコミカルなおもちゃもあり、そのヴァリエーションは豊富。長らくインテリア業界で働いてきたバイヤーが、多くのメーカーのウェブサイトやトレードショーやオークションなどをくまなく調べ上げ、独自のルートを使って商品を買い付けてきたそうです。ロンドンの中でも他に見かけることのない珍しいものばかりで、ここにある商品で部屋を飾れば、世界にふたつとない個性的な空間ができあがりそう。

おみやげに喜ばれそうなコスメ類。

上／見て楽しい、遊んで楽しいおもちゃたち。 左／本からオブジェからモビールからキャンドルまで、目移りしそう！

上／ビーフィ・バーガー、8.25ポンド。野菜やタマゴなど、トッピングもいろいろと組み合わせてみましょう！　右下／バニラシェイク、3.95ポンド。

> ハンバーガー

Loaded Burgers
ローデッド・バーガーズ

あふれんばかりの大きさ！
バーガー&シェイクをガブリ！

若者を中心に人気の高い、ハンバーガーレストランです。ハンバーガー、ポテト、スペアリブ、どのメニューを頼んでも、トレイからこぼれんばかりのサイズで提供されます。味も、見た目に負けず劣らず肉厚重厚。小麦の香り際立つバンズに、肉汁あふれるパテ、そこに濃厚オリジナルソースをトッピング。テーブルを汚さないように、トレイの上で食べきりましょう。ハンバーガーと一緒に、シェイクもオススメ。こちらも、ハンバーガー同様、カップからクリームがこぼれ落ちそうなほどたっぷりで、味ももちろんスイート。口や手がベタベタになること必至ですが、ナプキンもたくさんもらえるので、まずは汚れを気にせず大口で頬張りましょう。その方がおいしく食べられます！

infomation

🏠 179 Stoke Newington High St, London N16 0LH
🕐 土〜木 12:00〜23:00
　金 14:00〜23:00
http://loadedburgers.co.uk

Stoke Newington

infomation

🏠 32-40 Stoke Newington Church St, London N16 0LU
🕐 月〜土 7:30〜21:30
　日 8:00〜21:30
http://www.wholefoodsmarket.com

上／地域の掲示板。　下／デリをテイクアウトして公園で食べても◎。

スーパーマーケット

Whole Foods Market
ホール・フーズ・マーケット

コスメも人気、アメリカ発の高級スーパーマーケット

2004年にイギリスにも進出した、アメリカ発の高級スーパーマーケットです。「グルメ・スーパーマーケット」を名乗り、比較的高級志向の小売店として知られ、店内で販売されている食料品は自然食品やオーガニックフードばかり。ユニークな輸入食品や、デリコーナーもあり、食事に気を遣う人が多いストーク・ニューイントンの食料庫として重宝されています。店内には化粧品コーナーも設置、自社ブランドを含むオーガニックコスメも評判で、日本人観光客にも人気だとか。チェーン店ですが、地域の掲示板を店内入り口に設けるなど、ローカルコミュニティとも積極的にコミュニケーションをとり、その土地に根ざした経営を行なっています。

オーガニックコスメは日本では手に入らないものも多数。

カフェ／レストラン

The Blue Legume
ブルー・レギューム

住宅街のひっそりオーガニックカフェ

ここストーク・ニューイントンの店舗を含め、ロンドン市内に4店舗をかまえているオーガニックカフェレストラン。「特別なレストラン」ではなく、毎日通ってもらえるお店になりたい、という創業者のモットーから、繁華街ではなく住宅街に出店しています。ふだん使いできるよう、価格もお手頃で、塩分控えめのやさしい味のフードばかり。

エッグスベネディクト、5.95ポンド。ラズベリースムージー、3.95ポンド。

infomation
🏠 101 Stoke Newington Church St, London N16 0UD
🕐 月 9:30〜23:30　火〜土 9:30〜23:00
　 日 9:30〜18:00
http://www.thebluelegume.co.uk

日替わりケーキ、ひと切れ3ポンド。アールグレイティー、2ポンド。

スイーツ／カフェ

The Parlour
パーラー

自然な甘み、身体にやさしいケーキたち

スイーツが評判のオーガニックカフェ。パンケーキやオムレツなどの定番メニューとは別に、素材と相談しながら日替わりでさまざまなケーキを販売しています。どれも砂糖控えめで、フルーツや野菜の自然の甘みを生かし、身体にやさしいヘルシー志向のスイーツばかり。夜になったら売り切れも多いので、早めの来店がオススメ。

infomation

🏠 167 Stoke Newington Church St, London N16 0UL
🕐 月〜金 7:30〜18:30　土・日 8:00〜19:30

Stoke Newington

`イタリアンデリ / カフェ`

Camia
カミア

サラダやスムージーでイタリアンな朝食を

早朝から営業する、老舗イタリアンデリ。ロンドンにはテイクアウト可能なイタリアンデリが多く、朝方にお父さんたちが慌ただしくパニーニを抱えて店を飛び出していく、という光景をよく見かけます。しかしこのデリでは、サラダやスムージーのメニューも充実しているため、みんな席についてゆっくりと朝食を味わうのが一般的なのです。

infomation

- 53 Stoke Newington Church St, London N16 0AR
- 7:00〜18:00　無休

パニーニ、4.45ポンド。イタリアンサラダ、4.5ポンド。スムージー、2.75ポンド。

`イタリアン`

Trattoria Da Luigi
トラットリア・ダ・ルイジ

サルデーニャ・イタリアンの老舗を味わう

地中海に浮かぶイタリア西部の高級リゾート、サルデーニャ島の料理を提供しているレストラン。スタッフは現地出身で、ワインや食材も極力現地から輸入しています。島名産の白ワインで味付けしたチーズを挟んだラビオリがお店のイチ押し。夜は予約で埋まっているので、気になったら早めに席を押さえておきましょう。

ハムとサラミとチーズの盛り合わせ、1人前7.95ポンド。トマトソースとロブスターのラビオリ、12.95ポンド。

上/イタリアの小さな島を思わせる、アットホームなインテリア。左/グラスワイン、5.5ポンド〜。

infomation

- 98-100 Stoke Newington Church St, London N16 0AP
- 月〜金 17:00〜23:00　土 12:00〜23:00
  日　12:00〜22:00
- http://www.trattoriadaluigi.co.uk

カードと一緒に贈るプチギフトも多数。

> 雑貨

Earlybird Designs
アーリー・バード　デザインズ

大切な人に贈りたい、特別なグリーティングカード

デザイナー夫婦がオーナーを務める、グリーティングカード専門店です。日本ではまだまだ馴染みが薄いですが、欧米では誕生日や記念日にはもちろん、ちょっとしたお祝いにもグリーティングカードを贈るのが一般的。コンビニエンスストアでも売っているくらい必需品です。このお店では、壁一面に飾られた、オーナー自らがデザインした、ユニークなオリジナルのカードが注目され、ロンドン中からお客さんが訪れています。動物を模したキャラクターがお祝いしてくれるカラフルなカードからコミカルなものまで、どれを誰に贈るか、贈る人の顔を思い浮かべながらお気に入りのカードを探してみてください。きっと最高のプレゼントになるはずです。

ラッピンググッズも。目移りしてしまう。

infomation
🏠 86 Stoke Newington Church St, London N16 0AP
🕐 月〜土 10:00〜18:00
　日 11:00〜18:00
http://www.earlybirddesigns.co.uk

Stoke Newington

タイ料理

Yum Yum
ヤム・ヤム

トムヤムクン、6.75ポンド。

モダンなアジアンダイニングな店内。

ロンドンにいながらタイにひとっ飛び

門をくぐると、そこはもうタイ王国。そう勘違いしてしまうほど、豪華絢爛なタイ料理レストランです。インテリアも、ドレスコードあり?と思うほどシック。見た目は高級そうですが、お値段はなんとリーズナブル。パッタイやトムヤムクンといった定番のタイ料理を、お手頃価格で味わえます。洋風料理に飽きた時の駆け込み寺にも。

infomation
🏠 187 Stoke Newington High St, London N16 0LH
🕐 月〜木 12:00〜15:00 18:00〜23:00　金 13:00〜15:00 18:00〜24:00　土 12:00〜24:00　日 12:00〜23:00
http://www.yumyum.co.uk

トムヤムクン、6.75ポンド。

インド料理

Rasa
ラサ

お米が主食のケララ料理はココナッツと一緒に

インド系が多いイギリスでも珍しい、ケララ料理のお店。インド南部ケララ州の料理は、インドでは珍しくナンではなくライスが主食です。ココナッツミルクを大量に使用することでも有名。スパイシーなのにまろやかな味わいを演出するのに一役買っています。ヴィーガンの常連さんも多いんだとか。

infomation
🏠 55 Stoke Newington Church St, London N16 0AR
🕐 月〜金 18:00〜22:45　土 12:00〜15:00 18:00〜23:30　日 12:00〜15:00 18:00〜22:45
http://www.rasarestaurants.com

カリーは各種4.5ポンド、ライスは各種2.5ポンド。

149

上／生活雑貨のフロア。　右／温かみのあるソファもオリジナルデザイン。

オリジナルのコスメも。

インテリア

Hamiltons
ハミルトンズ

ロンドンのモダンファニチャーをオーダーメイドで

ロンドン在住の家具職人がオーナーを務める、モダンインテリアショップ。近年の北欧デザインブームの影響を受け、シンプルで機能性が高く、飽きのこない落ち着いたデザインの家具作りを志しています。店内にはオーナーが製作したソファやキャビネットもありますが、素材やデザインを指定して、相談しながらオーダーメイドしてもらうことも可能だそう。担当者が必ずお店にいるわけではないので、事前にメールでの相談は必須ですが、正真正銘、世界にひとつだけのオリジナルファニチャーをロンドンであつらえるなんて、最高のぜいたくかもしれません。1階には生活雑貨各種を取り揃えているので、こちらだけを見ても楽しめます。

家具にあわせてラグも選びたくなってしまう。

infomation

🏠 96 Stoke Newington Church St, London N16 0AP
🕐 月〜土 10:00〜18:00
　 日 11:00〜17:00
http://www.hamiltonsn16.co.uk

雑貨
Pictures & Light
ピクチャーズ・アンド・ライト

由緒正しきイギリスの雰囲気漂う雑貨ショップ

ポップでキュートなテイストの雑貨屋が多いイースト・ロンドンの中で、珍しく古き良きイギリス風品揃えのショップです。なんだか、イギリスの古いお屋敷のクローゼットに迷い込んでしまったよう。60～70年代テイストの、どこか懐かしい気分になる商品ばかりで、オーナーのこだわりがセレクトによく表れています。地元のアーティストによる雑貨もあれば、実際に60～70年代にイギリスやロシアで作られたアンティークもあるとのこと。このお店にあるものたちは、何年経っても色あせない魅力があり、由緒正しいイギリスのセンスを今に伝えてくれます。スタッフも、優しく親切に対応してくれるので、洋服のサイズの有無など遠慮せずに聞いてみましょう。

上／大判のブランケットをひざかけに。　下／少量の洋服はこだわりのセレクト。

infomation

🏠 41 Stoke Newington Church St, London N16 0NX
🕐 月～金 11:00～18:00
　 土 10:00～18:00

オーナメント、オブジェ、キャンドルなどおみやげにも最適。

`トルコ料理`

19 Numara Bos Cirrik 2

19・ヌマラ・ボス・シッリク・2

トルコ料理は、肉も野菜も盛りだくさん

トルコ系移民の多いイースト・ロンドンの中でも、特に評判の高いトルコ料理レストランです。料理のクオリティもさることながら、特筆するべきはそのボリューム。ランチ時には、山盛りのケバブセットに3種類のターキッシュサラダがついて、たったの15ポンド。テイクアウトも可能で、持ち帰りのケバブはひとつ7ポンド～とお手頃価格です。

infomation

🏠 194 Stoke Newington High St, London N16 7JD
🕐 12:00～24:00　無休

ランチセットのチキンケバブ、15ポンド。

上／スペインの代表的な家庭料理、パン・コン・トマテ。3.5ポンド。　下／タコのグリル、8.5ポンド。

`スペイン料理`

Escoces

エスコセッサ

スコットランド産シーフードとスペイン料理の幸福な出会い

スコットランドのシーフードで、スペイン料理を作る。この組み合わせを不思議に思うかもしれませんが、アイリッシュ海や北海でとれる海産物はどれも身が引き締まり、イギリスを代表する特産品なのです。塩気が強いスペイン料理の調理法には、スコットランドの新鮮なシーフードがピッタリ。

infomation

🏠 67 Stoke Newington Church St, London N16 0AR
🕐 月～金 12:00～22:30　土 11:00～23:00
　 日 11:00～1:30
http://www.escocesa.co.uk

Interview with Mariko Doi

ドイマリコ　インタビュー

イースト・ロンドンには、ジャンルを問わず多くの若いクリエイターが住み、助け合い、刺激し合いながら暮らしています。どうやって、このようなコミュニティがつくられていったのでしょうか？　日本人ながらイギリスで、ミュージシャン／アクセサリーデザイナーとして活躍するドイマリコさんに、イースト・ロンドンの変遷を聞きました。

「ロンドンに来て、もう20年になります。長いですよね。最初の頃はウエストに住んだり、いろいろな地域に住んでみたんですけど、10年くらい前にイースト・ロンドンに引っ越してきました。理由は、ただただ家賃が安かったから。この10年で、イースト・ロンドンは本当に変わりましたよ。Brick LaneもShoreditchも、私がこっちに引っ越してきた頃はあんなに観光地じゃなかったですし。アーティスト活動には、イースト・ロンドンは便利ですね。同じような理由で、節約のためにアーティストはみんなイーストに住んでいるし、スタジオも多いから集まりやすいんです。昨年アクセサリーの製作もはじめたんですが、イーストではこういうインディペンデントなブランドがマーケットで直接販売できるからいいですね。でも、まわりにはセンスのいいアーティストだらけなので、もちろん、競争は激しいです。イーストも今ではすっかり家賃が高くなっちゃいましたけど、引っ越す予定はないですね。するとしても、イーストの中だと思います。」

バンド「Yuck」でベースを担当している。

プロフィール
ドイマリコ
広島生まれ。ロンドン在住のミュージシャン。バンド「Yuck」でベース担当。2011年セルフタイトル「Yuck」、2013年「Glow & Behold」、2016年2月、3作目の「Stranger Things」をリリース。BBC Twoの音楽番組、Later with Jools Holland出演や、ライブツアーでアメリカ、ヨーロッパ、アジア、オセアニアの各国を勢力的に巡業。作詞作曲、プロデュース、レコーディングを手がけるセルフプロジェクトの「Parakeet」は、2016年4月にファーストアルバム「KASA」をリリース予定。2015年に、ジュエリーブランドTears of Mermaids Jewelleryを立ち上げた。趣味：けん玉。
http://www.tearsofmermaids.com

ドイさんのジュエリーブランドTears of Mermaids。

INDEX

レストラン、バー 🍴

Brick Lane	ガストロ・パブ	Hawksmoor Spitalfields	27
Brick Lane	アルゼンチン料理	Moo Cantina	28
Brick Lane	ブックバー	The Society Club	29
Brick Lane	ワインバー／リカーショップ	New Street Wine Shop	30
Brick Lane	シーフードレストラン	Fish Market	31
Brick Lane	バー	The Big Chill Bar	32
Brick Lane	バー	Apples & Pears	33
Brick Lane	パブ	The Pride of Spitalfields	33
Shoreditch	レストラン／ホテル	Boundary Restaurant, Rooms & Rooftop	42
Shoreditch	レストラン／カフェ	The Breakfast Club	45
Shoreditch	レストラン	Burro e Salvia	52
Shoreditch	インド料理	Dishoom	62
Shoreditch	創作ペルー料理	Andina	63
Shoreditch	ダイニングバー	Juno	64
Shoreditch	ベトナム料理	Pho Viet 68	64
Dalston	レストラン／カフェ	Cafe Route	78
Dalston	スローフード・レストラン	Floyd's	79
Dalston	ガストロ・パブ	Birthdays	84
Dalston	ピザ	Voodoo Ray's	84
Dalston	イタリアン	The Bite	85
Dalston	レストラン／カフェ	Tuck Inn	85
Dalston	カリビアン料理	Peppers & Spice	86
Dalston	ナイジェリア料理	Asorock	87
Dalston	メキシコ料理	Mezcal Cantina	88
Dalston	キューバ料理	Escudo De Cuba	89
Dalston	バー	Ruby's	90
Hackeny Central	ピザ	Franco Manca	102
Hackeny Central	レストラン／デリ	Hill & Szrok	103
Hackeny Central	スペイン料理	El Ganso Cafe	107
Hackeny Central	トルコ料理	Solche Cilician	109
Hackeny Central	ガストロ・パブ	Pub On The Park	112
Bethnal Green	レストラン／ホテル	Town Hall Hotel & Apartments	118
Bethnal Green	イタリアン	E Pellicci	125
Bethnal Green	韓国料理／ヘアサロン	Hurwundeki	129
Bethnal Green	ヴィーガンレストラン／カフェ	The Gallery Cafe	130
Bethnal Green	パブ	The Albion In Goldsmith's Row	131
Bethnal Green	バー	The Natural Philosopher	132
Bethnal Green	パブ／ビアバー	Mother Kelly's	133
Stoke Newington	ガストロ・パブ	The Three Crowns	139
Stoke Newington	ハンバーガー	Loaded Burgers	144
Stoke Newington	レストラン／カフェ	The Blue Legume	146
Stoke Newington	イタリアン	Trattoria Da Luigi	147
Stoke Newington	タイ料理	Yum Yum	149

Stoke Newington	インド料理	Rasa	149
Stoke Newington	トルコ料理	19 Numara Bos Cirrik 2	152
Stoke Newington	スペイン料理	Escoces	152

カフェ、スイーツ、食材 🅗

Brick Lane	カフェ	Cafe 1001	10
Brick Lane	チョコレート	Dark Sugars	12
Brick Lane	カフェ	Exmouth Coffee Company	13
Brick Lane	フローズンヨーグルト	The Sloane Bros	13
Brick Lane	マーケット	Sunday Up Market	15
Brick Lane	カフェ	Cereal Killer Cafe	16
Brick Lane	ベーグル	Beigel Bake	26
Brick Lane	リカーショップ／ワインバー	New Street Wine Shop	30
Brick Lane	カフェ	The Big Chill Bar	32
Shoreditch	カフェ／レストラン	Albion	44
Shoreditch	カフェ／レストラン	The Breakfast Club	45
Shoreditch	紅茶	T2	46
Shoreditch	カフェ／雑貨／ヘアサロン	Barber & Parlour	47
Shoreditch	カフェ／セレクトショップ	Aida	54
Shoreditch	ティールーム	Vintage Heaven	60
Shoreditch	フードコート	Pump	68
Shoreditch	ショッピングモール	BOXPARK	69
Dalston	カフェ／レストラン	Cafe Route	78
Dalston	カフェ／雑貨	The Hackney Pirates	80
Dalston	カフェ／ギャラリー	Other Cafe and Gallery	82
Dalston	カフェ／ギャラリー	Subtitles Cafe	83
Dalston	カフェ／レストラン	Tuck Inn	85
Dalston	カフェ	Kaffa Coffe	87
Hackeny Central	マーケット	Broadway Market	96
Hackeny Central	ベーカリー	Yeast	98
Hackeny Central	ブリュワリー	London Fields Brewery	99
Hackeny Central	デリ／レストラン	Hill & Szrok	103
Hackeny Central	カフェ／ギリシャ食材	Isle of Olive	105
Hackeny Central	ベーカリー	Pavilion Bakery	106
Hackeny Central	リカーショップ	Noble Fine Liquor	108
Hackeny Central	カフェ／コメディー	Hackney Empire	110
Hackeny Central	カフェ	The Corner London	113
Hackeny Central	カフェ	Bungalows Cafe	113
Bethnal Green	カフェ	Boba Yard	123
Bethnal Green	カフェ／朝食	Cafe 338	124
Bethnal Green	カフェ	Caffe In	125
Bethnal Green	ジョージア料理	Little Georgia Cafe	128
Bethnal Green	ヴィーガンカフェ／レストラン	The Gallery Cafe	130
Stoke Newington	カフェ	Green Room Cafe	138

Stoke Newington	スーパーマーケット	Whole Foods Market	145
Stoke Newington	カフェ／レストラン	The Blue Legume	146
Stoke Newington	カフェ	The Parlour	146
Stoke Newington	イタリアンデリ／カフェ	Camia	147

ファッション

Brick Lane	ヴィンテージ	Blitz	11
Brick Lane	マーケット	The Vintage Market	15
Brick Lane	セレクトショップ	Iconoclast	22
Brick Lane	メンズセレクトショップ	Thunders	23
Brick Lane	メンズテーラー	Gresham Blake	24
Brick Lane	ヴィンテージ	Rokit	25
Shoreditch	セレクトショップ	Goodhood	48
Shoreditch	セレクトショップ／カフェ	Aida	54
Shoreditch	レディス・メンズ	A Child Of The Jago	55
Shoreditch	セレクトショップ	Milk	56
Dalston	ヴィンテージ	Beyond Retro Dalston	76
Dalston	セレクトショップ	HUH.	81
Bethnal Green	ヴィンテージリメイク	Wall & Jones	126

小物

Brick Lane	メンズ小物	40 Colori	20
Brick Lane	アイウェア	Specstacular	21
Shoreditch	香水	Le Labo	49
Shoreditch	靴	Tracey Neuls	53
Dalston	バッグ、アパレル	Stighlorgan SLG Store	77
Hackeny Central	靴	Black Truffle	109
Hackeny Central	アクセサリー	William Cheshire Bespoke Jewellery Store	111

雑貨

Brick Lane	マーケット	Old Spitalfields Market	14
Shoreditch	雑貨／カフェ／ヘアサロン	Barber & Parlour	47
Shoreditch	雑貨／ファッション	House of Hackney	57
Shoreditch	インテリア	Elemental	58
Shoreditch	雑貨／本	Material	59
Shoreditch	メキシコ雑貨	Milagros	61
Shoreditch	ショッピングモール	BOXPARK	69
Dalston	雑貨／カフェ	The Hackney Pirates	80
Dalston	雑貨／レコードショップ	Eldica	86
Hackeny Central	マーケット	Netil Market	97
Hackeny Central	雑貨	Momosan Shop	101
Hackeny Central	雑貨	East London Design Store	104
Hackeny Central	こども用品	Buggies & Bikes	110
Bethnal Green	木工雑貨	Barn The Spoon	127

Stoke Newington	ニット／雑貨	Knit with Attitude	140
Stoke Newington	アジアン雑貨／小物	Rouge	141
Stoke Newington	キッチン雑貨	Prep Cook Shop	142
Stoke Newington	雑貨	Search & Rescue	143
Stoke Newington	グリーティングカード	Earlybird Designs	148
Stoke Newington	インテリア	Hamiltons	150
Stoke Newington	雑貨	Pictures & Light	151

カルチャー

Brick Lane	お散歩	Spitalfields City Farm	17
Brick Lane	ギャラリー	Whitechapel Gallery	18
Brick Lane	レコードショップ	Rough Trade East	19
Brick Lane	ブックバー	The Society Club	29
Brick Lane	ミュージアム	Dennis Severs' House	32
Brick Lane	ロンドンツアー	Shoreditch Street Art Tours	34
Shoreditch	レンタサイクル	Tokyo Bike	50
Shoreditch	ロンドンツアー	Alternative London Walking Tour	51
Shoreditch	ポップアップストア／スタジオ	In House	52
Shoreditch	本／雑貨	Material	59
Shoreditch	ミュージアム	Rivington Place	65
Shoreditch	アートスポット	Village Underground	66
Shoreditch	ギャラリー	Pure Evil Gallery	67
Shoreditch	ミュージアム	Geffrye Museum	70
Shoreditch	マーケット	Columbia Road Flower Market	71
Dalston	ギャラリー／カフェ	Other Cafe and Gallery	82
Dalston	映画館	Rio Cinema	82
Dalston	ギャラリー／カフェ	Subtitles Cafe	83
Dalston	レコードショップ／雑貨	Eldica	86
Dalston	お散歩	Dalston Eastern Curve Garden	91
Hackeny Central	本	Donlon Books	100
Hackeny Central	コメディー／カフェ	Hackney Empire	110
Bethnal Green	お散歩	Hackney City Farm	120
Bethnal Green	アートスポット	Oval Space	121
Bethnal Green	ミュージアム	V&M Museum of Childhood	122
Bethnal Green	スパ	York Hall	129

ホテル

Shoreditch	ホテル	Ace Hotel Shoreditch	40
Shoreditch	ホテル／レストラン	Boundary Restaurant, Rooms & Rooftop	42
Bethnal Green	ホテル／レストラン	Town Hall Hotel & Apartments	118

おわりに

　2009年から毎年訪れているロンドンの街並みは、ここ数年で明らかに変わりました。地価の高騰と観光客の急激な増加にともない、最先端のクールなショップやレストランは次々と閉店に追いやられ、その名の通りロンドン・カルチャーの中心地だったセントラルは、大資本が展開するチェーン店ばかり。カルチャーの中心は東へ移りました。

　そういった現象が、実は、イースト・ロンドンの中でも起きています。取材中、地価の高騰でショップを維持することが困難になってきていたり、地域一帯が再開発の対象になっていたりと、掲載を断念せざるをえなかったショップがいくつかありました。イースト・ロンドンが盛り上がるにつれ、セントラルからカルチャーが失われていった時とまったく同じ過程を、イースト・ロンドンエリアでも目の当たりにしたのです。

　もしかしたら、将来的に、イースト・ロンドンも消費し尽くされ、資本の手が入った「どこにでもある街」のひとつになってしまう日が来るかもしれません。それでも、きっとまた、ヒップなアーティストやクリエイターが新しいエリアに住み移り、そこからおもしろいカルチャーを生み出していくのでしょう。いずれにせよ、ロンドンがもつエネルギーは、絶えることはありません。今は、ロンドンでいちばんエキサイティングなエリア、このイースト・ロンドンで体験できる熱いカルチャーの渦を、みなさんにも体験していただけると幸いです。

2016年4月　カルロス矢吹

カルロス矢吹

1985年宮崎県生まれ。作家、(株)フードコマ代表。大学在学中より、グラストンベリーなど海外音楽フェスティバルでスタッフとして働き始める。以降、日本と海外を往復しながら、ライター業やラジオ・TVの構成を開始。コンサート運営、コンピレーション編集、美術展プロデュースなど、アーティストのサポートも行う。2012年より、日本ボクシングコミッション試合役員に就任。山中慎介や内山高志ら、日本人世界チャンピオンのタイトルマッチを数多く担当。著書に「のんびりイビサ」(スペースシャワーブックス)、「アムステルダム 芸術の街を歩く」(大和書房)など。

NEW LONDON
イースト・ロンドン ガイドブック

初版発行　2016年5月1日

著者	カルロス矢吹
デザイン	塚田佳奈 (ME&MIRACO)
編集	筒井奈々 (DU BOOKS)
発行者	広畑雅彦
発行元	DU BOOKS
発売元	株式会社ディスクユニオン
	東京都千代田区九段南3-9-14
	編集　tel 03-3511-9970 ／ fax 03-3511-9938
	営業　tel 03-3511-2722 ／ fax 03-3511-9941
	http://diskunion.net/dubooks/
印刷・製本	シナノ印刷

ISBN978-4-907583-85-9
Printed in Japan
©2016 Carlos Yabuki / disk union

万一、乱丁落丁の場合はお取り替えいたします。
定価はカバーに記してあります。
禁無断転載

Special Thanks to
HOLIC TRAX　Yumi Izutani　Temma Teje
Hiroshi Kaneko　Mana Arai

SHOKOのロンドンファッション・スタイルブック
自分らしくいるための、おしゃれなセンスの磨き方
SHOKO 著

英・キャサリン妃も愛用のブランド「メリメロ」とのコラボでも話題のSHOKO（アーティスト／ミュージシャン／モデル）が、ロンドンガールズのおしゃれのヒミツを大解剖!! 個性と伝統をいかし、流行を気にせず好きなものを着る、上質なロンドンファッションの魅力を、SHOKOが徹底紹介。
ロンドン在住ファッショニスタのスナップ＆ワードローブレポートも掲載。

本体1800円＋税　B5変型　オールカラー168ページ

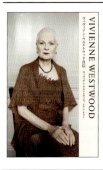

VIVIENNE WESTWOOD
ヴィヴィアン・ウエストウッド自伝
ヴィヴィアン・ウエストウッド 著

ファッション・デザイナーであり、活動家であり、パンク誕生の立役者であり、世界的ブランドの創始者であり、孫のいるおばあちゃんでもあるヴィヴィアン・ウエストウッドは、正真正銘の生きた伝説といえる。全世界に影響を与え続けてきたヴィヴィアンの初めての自伝。その人生は、彼女の独創的な主張や斬新な視点、誠実で熱い人柄にあふれていて、まさしくヴィヴィアンにしか描けない物語。

本体4000円＋税　B5変型　624ページ

ROOKIE YEARBOOK ONE
ルーキー・イヤーブック ワン
タヴィ・ゲヴィンソン 責任編集

ティーンのキュンキュンやドキドキ、さびしさ、かなしみがいっぱいつまってる！──おとなになる前の最後の時間。著者は、11歳でファッションブログを立ち上げたところ、ファッション業界から注目され、現在では女優・オピニオンリーダーとしても影響力をもつ1996年生まれのタヴィ・ゲヴィンソン。主な内容……泣き顔を5分で元に戻す方法／真夜中のおやつ／パーティーには、なに着てく？ etc.

本体3500円＋税　A4変型　オールカラー368ページ

インディ・ポップ・レッスン
Twee Grrrls Clubのフェイバリット・ディスクガイド
Twee Grrrls Club 監修

「装苑」「FUDGE」「クロスビート」にて紹介されました！
女の子の、女の子による、女の子のための音楽レッスン。
お題目、国、年代からイメージする"インディ・ポップ"ディスクをセレクト。
おすすめバンドの未発表曲コンピレーションのダウンロードクーポン付き！

本体1800円＋税　A5　104ページ